Friede sei mit Dir!

DIE BOTSCHAFT VOM
FRIEDENSREICH GOTTES

Bibliografische Information der Deutschen Nationalbibliothek:
Die Deutsche Nationalbibliothek verzeichnet diese Publikation in der
Deutschen Nationalbibliografie; detaillierte bibliografische Daten sind im
Internet über www.dnb.de abrufbar.

Herstellung und Verlag:
BoD – Books on Demand, Norderstedt
ISBN: 978-3-8482-1052-7

 Für die
Gemeinden
Christi

Kontakt: alex.basnar@telering.at;
hausgemeinde.wordpress.com

INHALT

FRIEDE SEI MIT DIR!

Gibt es einen schöneren Gruß? Moslems grüßen mit Salam, Juden mit Schalom. Das bedeutet Friede (sei mit dir/euch). Auch Christen gebrauchten früher den Friedensgruß. Als der Herr Jesus Christus Seine Jünger aussandte, um das Evangelium zu predigen, sollte deutlich werden, dass es um eine Friedensbotschaft geht:

„Wo ihr aber in ein Haus hineingeht, da sprecht zuerst: Friede diesem Haus! Und wenn dort ein Sohn des Friedens ist, so wird euer Friede auf ihm ruhen, wenn aber nicht, so wird er zu euch zurückkehren." (Luk 10,5-6)

Zu diesem Frieden gehört die Freiheit, nicht zuhören zu müssen. Darum sollten die Jünger *„Söhne (und Töchter) des Friedens"* suchen, Menschen, die sich nach dem Frieden sehnen, die selbst friedfertig sein wollen, und die demnach unter dem Unfrieden in dieser Welt leiden. An solche Menschen richtet sich dieses Buch. Bist du so ein Sohn oder eine Tochter des Friedens?

Dann warst du vielleicht häufig enttäuscht von Menschen und Religionen, von denen man Frieden erwarten würde, die einen sogar mit „Friede sei mit dir" grüßen, und doch im Namen ihres Glaubens Gewalttaten verüben. Gerade, wenn man weiß, dass Jesus Christus selbst die Feindesliebe lehrte, erscheint das Christentum als Ganzes doch sehr unglaubwürdig, ruft man sich die Kriege im Namen Gottes, die Verfolgung Andersgläubiger und die Kooperation von Kirchen mit kriegstreiberischen Mächten in Erinnerung. Das alles ist zutiefst unglaubwürdig.

Um Glaubwürdigkeit geht es mir aber in diesem Buch. Wer sich Christ nennt, soll auch so leben, wie der Meister es lehrte. Wenn ein Moslem wie Mohammed handelt, indem er Kriege führt und Menschen köpft, ist das ja auch konsequent; unschön, abstoßend, aber konsequent.

Aber lassen wir Mohammed beiseite. Ich will dir den Herrn Jesus vorstellen, dich für Ihn begeistern, für Seine unvergleichliche Friedensbotschaft vom Reich Gottes, und erklären warum nur „Kinder des Friedens" da hineindürfen. Ich mache also bewusst eine Schwerpunktsetzung in meiner Darlegung. Damit es nicht zu weitschweifig wird einerseits, aber auch um Wahrheiten in den

Blick zu rücken, die meist nicht vermittelt werden, sodass die meisten Menschen ein falsches und verzerrtes Bild vom christlichen Glauben haben.

Es geht um Frieden, genauer: Es geht um den Weltfrieden. Das Reich Gottes ist die Verheißung eines weltumspannenden gerechten Friedensreiches unter der Herrschaft unseres Schöpfers. Auf Basis dieses Friedens geht es natürlich auch um unseren persönlichen, inneren Frieden. *„Frieden hinterlasse ich euch; meinen Frieden gebe ich euch. Nicht wie die Welt gibt, gebe ich euch; euer Herz erschrecke nicht und verzage nicht!"* sagte der Herr Jesus (Joh 14,27).

Um diesen Frieden zu erlangen, muss man wahrscheinlich die eigene Erwartungshaltung revidieren. Es geht nicht um einen Frieden, wie wir Menschen ihn zuwege bringen. Also nicht um einen Waffenstillstand, ein friedliches Nebeneinander in freundlicher Toleranz, eine Friedhofsruhe oder das friedliche Gefühl an einem stillen See.

Das biblische *Schalom* ist ein ganzheitlicher Friede, der auf Versöhnung und Wiederherstellung aller Dinge abzielt, eine Botschaft für die ganze Schöpfung, dass wir alle mit Gott und einander wieder in der ursprünglichen Harmonie und Ordnung eine friedvolle Gemeinschaft haben können: *„Denn es gefiel Gott, in ihm (Jesus) alle Fülle wohnen zu lassen und durch ihn alles mit sich selbst zu versöhnen, indem er Frieden machte durch das Blut seines Kreuzes – durch ihn, sowohl was auf Erden als auch was im Himmel ist. Auch euch, die ihr einst entfremdet und feindlich gesinnt wart in den bösen Werken, hat er jetzt versöhnt"* (Kol 1,19-21)

Darum wird es in diesem Buch gehen, darauf zielt diese Betrachtung des Evangeliums des Reiches Gottes ab. Ich werde dabei die Bibel ausgiebig zu Wort kommen lassen. Die Zitatangaben folgen den üblichen Abkürzungen der biblischen Bücher (Mat für Matthäus-Evangelium zum Beispiel). Am Ende findest du eine Liste der Bibelbücher und ihrer Abkürzungen zum selber Nachschlagen.

Nun, wie siehst du dich selbst? Als einen Sohn (bzw. Tochter) des Friedens? Wenn ja, wirst du auf den nächsten Seiten ein unschlagbares Friedensangebot finden.

CHRISTSEIN – EIN LEBENSSTIL

Die Welt hat genug von Maulhelden und Besserwissern. Sie sucht den lebendigen Beweis, Vorbilder, die überzeugen. Damit ist nichts dagegen gesagt, dass es gut und nötig ist, besser Bescheid zu wissen über das Leben und auch davon zu reden. Doch allzu leicht bleiben wir hier stehen.

Das Johannes-Evangelium beginnt mit der erstaunlichen Aussage, dass das Wort Fleisch wurde (Joh 1,14). Wir dürfen das so auffassen, dass auch Gott sich nicht damit begnügte, uns ein Buch voller weiser Worte in die Hand zu drücken. Er ließ dieses Wort Fleisch werden in der Geburt Seines Sohnes Jesus Christus. Damit wurde das Wort des Lebens greifbar … und angreifbar, verletzlich. Er wohnte als Mensch mitten unter uns, denselben Anfechtungen, Sorgen und Nöten, aber auch Freuden ausgesetzt wie wir. Er lebte ein beispielhaftes Leben, so wie es sein soll vor Gott, unserem Schöpfer.

„Aha, so geht das also mit der Nächstenliebe!" oder *„Ich wusste gar nicht, dass man so ehrlich sein kann!"* oder *„So betet man richtig!"* oder

„*Mich erstaunt es, dass man sogar seinen Feinden verzeihen kann!*" oder „*Wie schafft Er es, keinen Unterschied zwischen den Menschen zu machen?*" könnte man sich angesichts Seines Beispiels fragen. Die Herausforderung des Herrn Jesus an uns lässt sich in drei einfachen Worten zusammenfassen: „*Folge mir nach!*" Keine andere Aufforderung wiederholte Er häufiger.

Deshalb gibt es wohl auch vier Evangelien, die uns die Worte und Taten, sowie den Lebensstil des Herrn Jesus vorstellen. Ein Nachfolger Jesu sollte sich immer wieder an Seinem Vorbild messen und auch messen lassen. Paulus, der spätberufene Apostel, der den Herrn Jesus während Seines irdischen Lebens gar nicht kannte, legt genau darauf größten Wert: „*Seid meine Nachahmer, gleichwie auch ich Nachahmer des Christus bin!*" (1.Kor 11,1) Da er Ihn nie als Mensch beobachten konnte, war Paulus wie auch wir auf die Erzählungen der Augen- und Ohrenzeugen Jesu angewiesen, die uns den Herrn Jesus in den Evangelien beschrieben haben (vgl. Luk 1,1-4).

Nachahmung bedeutet, das Verhalten des Vorbilds zu imitieren. Dazu müssen wir den

Herrn Jesus genau beobachten, und uns durch die *äußere* Angleichung unseres Verhaltens *innerlich* verändern lassen. Nachahmung geht von außen nach innen, wie jeder Lernprozess, wie das Heranreifen eines Kindes zum Erwachsenenalter. Was bereits verinnerlicht ist, bestimmt wechselweise auch wieder unser äußeres Verhalten und die Bereitschaft, uns Neues anzueignen. Alte Gewohnheiten werden so schrittweise abgelegt, neue Gewohnheiten eingeübt, bis sie verinnerlicht werden und unseren Charakter, unser Herz, unser ganzes Denken und Empfinden prägen.

Darum geht es beim Christsein um einen Lebensstil und nicht nur um ein Bekenntnis zu einer theologisch korrekten Lehre. Bist Du bereit für solch eine Herausforderung? Was bedeutet das denn konkret?

Selbstkritik und Umkehr

Die Evangelien beginnen mit Johannes dem Täufer, der mit einer aufrüttelnden Botschaft zu den Leuten kam: *„Tut Buße, denn das Reich der Himmel ist nahe herbeigekommen!"* (Mat 3,2)

Buße bedeutet eigentlich Sinnesänderung. Das meint eine selbstkritische Prüfung unseres bisherigen Lebens, Handelns und Strebens. Aber nach welchem Maßstab? Woran sollen wir unser Leben prüfen? Johannes spricht vom Reich der Himmel, bzw. von der Königsherrschaft Gottes. Dieses Thema durchzieht die ganze Bibel wie ein roter Faden.

Wie würde eine Welt aussehen, in der Gott regiert? Es würde gerecht zugehen. Es würde keinen Mangel geben. Es würde Frieden herrschen zwischen den Menschen. Die Propheten haben von alters her genau diese Hoffnung vermittelt:

„Doch es wird geschehen am Ende der Tage, da wird der Berg des Hauses des HERRN festgegründet an der Spitze der Berge stehen und wird über alle Höhen erhaben sein, und Völker werden ihm zuströmen. Und viele Heidenvölker

werden hingehen und sagen: »Kommt, lasst uns hinaufziehen zum Berg des HERRN, zum Haus des Gottes Jakobs, damit er uns über seine Wege belehre und wir auf seinen Pfaden wandeln!« Denn von Zion wird das Gesetz ausgehen und das Wort des HERRN von Jerusalem.

Und er wird das Urteil sprechen zwischen großen Völkern und starke Nationen zurechtweisen, die weit weg wohnen, so dass sie ihre Schwerter zu Pflugscharen schmieden und ihre Spieße zu Rebmessern; kein Volk wird gegen das andere ein Schwert erheben, und sie werden den Krieg nicht mehr erlernen; sondern jedermann wird unter seinem Weinstock und unter seinem Feigenbaum sitzen, und niemand wird ihn aufschrecken; denn der Mund des HERRN der Heerscharen hat es geredet!" (Micha 4,1-4)

Das ist doch eine schöne, eine wunderbare, eine herrliche Aussicht! Wer möchte nicht in diesem Königreich leben?

Der Haken dabei ist, dass wir bisher ganz anders gelebt haben, als es hier beschrieben wird. Es beginnt damit, dass die meisten Menschen nicht nach Gott fragen, noch sich von Ihm belehren lassen wollen. Was folgt daraus? Dass wir unser Leben kaputt machen, da wir die „Betriebsanleitung zu unserem Leben", die Gebote unseres Schöpfers, missachten.

Die Folgen sind dramatisch: Es beginnt damit, dass Ungerechtigkeiten zwischen den Menschen überhand nehmen; die Starken setzen sich gegen die Schwachen durch. Ist uns schon aufgefallen, dass wir Menschen beim besten Bemühen, keine wirklich gerechten Gesetze formulieren können? Dass wir bestechlich, parteiisch oder einfach beschränkt in unserer Wahrnehmung in Streitsachen sind? Darum ist es gut, dass im Königreich Gottes Gott es ist, der zwischen den Menschen Recht spricht; Gott, der die Herzen der Menschen kennt und nicht nur nach dem Augenschein urteilt.

Wenn Menschen sich nicht gütlich einigen können, werden sie gewalttätig. Jakobus stellt in seinem Brief die sehr direkte Frage: *„Woher kommen die Kämpfe und die Streitigkeiten unter euch? Kommen sie nicht von den Lüsten, die in euren Gliedern streiten? Ihr seid begehrlich und habt es nicht, ihr mordet und neidet und könnt es doch nicht erlangen; ihr streitet und kämpft."* (Jak 4,1-2) Im Königreich Gottes ist das alles nicht mehr notwendig, weil Gott gerecht regiert und jeder das bekommt, was er wirklich braucht. Es herrscht Zufriedenheit und darum auch Frieden. Wir können also die Schwerter zu Pflugscharen umschmieden.

Jeder wird unter seinem Feigenbaum sitzen und seinen Weinberg haben. Keiner wird Mangel leiden, und niemand Überfluss haben. So sieht ein Leben aus, das unter Gottes Herrschaft und Anleitung steht. Wer möchte das nicht haben?

Wir sehen also ein paar Dinge, die wir an uns selbst prüfen sollten:

Will ich nach Gottes Anleitung leben?

Will ich meine Begierden hintanstellen und meine wahren Bedürfnisse von Gott stillen lassen?

Bin ich bereit zu Gewaltverzicht, und vertraue ich auf Gottes Gerechtigkeit?

Alle unsere Sünden, alle unsere Übertretungen von Gottes Geboten, haben hier ihre Wurzel. Ganz scharf formuliert es Paulus: *„Denn die Geldgier ist eine Wurzel alles Bösen."* (1.Tim 6,10) und *„Habsucht ist Götzendienst."* (Kol 3,5) Stimmt es etwa nicht, dass die

Geldliebe die stärkste Triebfeder menschlichen Handelns ist? Und die Ursache fast aller Kriege und Verbrechen?

Als die Menschen Johannes den Täufer hörten, stellten viele von ihnen eine ganz wichtige Frage: *„Was sollen wir denn tun?"* (Luk 3,10) Wohlgemerkt, sie fragen nicht: *„Was sollen wir denn glauben?"* oder *„Was sollen wir denn wissen?"* sondern: *„Was sollen wir tun?"* Es geht um ganz konkretes Handeln.

Johannes gibt nun verschiedene Antworten, je nachdem, wer die Fragesteller waren. Der Volksmenge als Ganzes sagte er: *„Wer zwei Hemden hat, gebe dem, der keines hat; und wer Speise hat, der mache es ebenso!"* (Luk 3,11) Was hat das mit dem Königreich Gottes zu tun? Dass darin niemand Überfluss und niemand Mangel leiden soll (vgl. 2.Kor 8,13-15), denn Gott hat die Güter der Erde für alle Menschen geschaffen, nicht damit einige gierig mehr an sich reißen als ihnen zusteht und andere leer ausgehen. Wie geht es uns damit wirklich? Es gibt nur wenige, denen das Loslassen vom Überfluss leicht fällt. Das ist die erste Hürde, die wir zu nehmen haben.

Einer bestimmten Berufsgruppe, den Zöll-
nern, die im Ruf standen korrupt und
geldgierig zu sein, legte Johannes diese
Herausforderung vor: *„Fordert nicht mehr,*
als was euch vorgeschrieben ist!" (Luk 3,13)
Das war härter, als es vorerst klingen mag.
Die Zöllner „erwirtschafteten" sich durch
überhöhte Forderungen ein Zusatzeinkom-
men, das ihnen einen luxuriösen Lebensstil
ermöglichte. Wer sich an ein Luxusleben
gewöhnt hat, lässt nicht gerne davon ab. Der
Täufer fordert einen völlig neuen Lebensstil
von ihnen, einen bescheidenen Lebensstil.
Wie geht es uns damit wirklich? Kann es
sein, dass mein Beruf mich zu einem kor-
rupten Menschen gemacht hat?

Johannes hatte auch ein Wort für die Soldaten: *„Misshandelt niemand, erhebt keine falsche*
Anklage und seid zufrieden mit eurem Sold!"
(Luk 3,14) Für einen Soldaten, dessen Sold
sehr knapp bemessen ist, weil davon ausge-
gangen wird, dass er sich durch Plünde-
rungen bereichern wird, ist das besonders
hart. Johannes fordert nicht von ihnen, dass
sie den Kriegsdienst quittieren müssen, was
damals ja nicht so einfach möglich war. Er
verlangt aber, dass sie einen anderen
Lebensstil führen sollen, der die Mäßigung

in der Gewalt beinhaltet und die Beschei-
denheit im Einkommen. Das wird ihnen
zudem die Verachtung und den Spott ihrer
Kameraden einbringen. Wir werden später
noch mehr zum Thema Kriegsdienst nachdenken. Hier genügt uns die Frage, ob wir
bereit sind – falls wir in dieser Situation sind
– diese offenkundigen Nachteile auf uns zu
nehmen, um des Reiches Gottes Willen.

Diese drei Beispiele zeigen, in welche Rich-
tung es geht. Tatsächlich hat alles mit der
Geldliebe zu tun, dieser Wurzel alles Bösen.
Vielleicht fragst auch du dich: *„Was soll ich
tun?"* Dann überlege selbstkritisch, wo bei
dir Geldliebe und Habsucht zum Ausdruck
kommen, und wer dadurch Mangel leidet.

Habsucht ist eine sehr prominente und
grundlegende Sünde. Es gibt noch mehr,
doch alle Sünden, auch sexuelle Sünden, haben ihre Wurzel in einem selbstsüchtigen
Begehren.

Das Schlimme ist, dass sie uns vom Königreich Gottes ausschließen, denn wenn wir
mit solch einer Haltung dort hinein wollten,
so würden wir Streit, Gottlosigkeit, Habsucht und Krieg mit uns bringen. Das Königreich Gottes setzt aber voraus, dass wir

als Bürger dieses Reiches, nach den Regeln dieses Reiches leben wollen: *„Kommt, lasst uns hinaufziehen zum Berg des HERRN, zum Haus des Gottes Jakobs, damit er uns über seine Wege belehre und wir auf seinen Pfaden wandeln!"* Diese Worte rufen die Menschen einander zu. Sie sind eine Ermunterung, eine Einladung – ihr zu folgen ist strikt freiwillig, denn ohne unsere Einwilligung wäre die Königsherrschaft Gottes ein Zwang. Zwang ist aber unvereinbar mit der Liebe Gottes.

Darum ist es kein Widerspruch zur Liebe Gottes, wenn Er die vom Reich Gottes ausschließt, die es nicht von Herzen suchen. Gott will, dass wir uns in diesem Leben bereits mit Ernst als Bürger Seines Reiches erweisen; dass wir uns hier in dieser Welt bereits daran gewöhnen, nach Seinem Wort zu leben. Und das beginnt mit der Absage an die Habsucht und alle daraus folgenden Sünden.

Was das bedeutet, zeigt uns das Leben Jesu, der uns zuruft: *„Folge mir nach!"*

VERGEBUNG IST NICHT FÜR DIE „GUTEN"

Johannes hat den Beinamen „der Täufer", denn er taufte die Menschen, die zu solch einem Gesinnungswandel bereit waren, im Wasser des Jordan: *„So begann Johannes in der Wüste, taufte und verkündigte eine Taufe der Buße zur Vergebung der Sünden. Und es ging zu ihm hinaus das ganze Land Judäa und die Bewohner von Jerusalem, und es wurden von ihm alle im Jordan getauft, die ihre Sünden bekannten."* (Mk 1,4-5)

Die Taufe mit Wasser symbolisiert (ganz naheliegend) ein Bad der Reinigung, denn Johannes tauchte die Umkehrwilligen vollständig unter. Taufen bedeutet nämlich untertauchen. Diese Handlung wird mit der Vergebung der Sünden in Verbindung gebracht.

Es ist so wichtig zu verstehen, dass Einsicht in unser Fehlverhalten allein nicht genügt! Wenn Gott uns nicht vergeben *wollte,* bliebe unser bisheriges unbedachtes und teils trotzig schuldhaftes Leben als eine Schuld vor Ihm bestehen. Vergebung ist immer freie Gnade. Wenn uns jemand Böses antut, so liegt es ebenso an unserem guten Willen, ob wir bereit sind, das zu vergeben. So ist Gott auch nicht durch irgendein Gesetz verpflichtet, uns gnädig zu sein. Es muss aus Seinem freien Willen kommen, sonst wäre Vergebung auch kein Ausdruck der Liebe mehr, sondern ein Mechanismus.

Gnade will daher erbeten werden, wie der Zöllner es tat, den der Herr Jesus uns als Beispiel nennt, den Er einem selbstgerechten Pharisäer gegenüberstellt: *„Es gingen zwei Menschen hinauf in den Tempel, um zu beten, der eine ein Pharisäer, der andere ein Zöllner. Der Pharisäer stellte sich hin und betete bei sich selbst so: O Gott, ich danke dir, dass ich nicht bin wie die übrigen Menschen, Räuber, Ungerechte, Ehebrecher, oder auch wie dieser Zöllner da. Ich faste zweimal in der Woche und gebe den Zehnten von allem, was ich einnehme!*

Und der Zöllner stand von ferne, wagte nicht einmal seine Augen zum Himmel zu erheben, sondern schlug an seine Brust und sprach: O Gott, sei mir Sünder gnädig!

Ich sage euch: Dieser ging gerechtfertigt in sein Haus hinab, im Gegensatz zu jenem. Denn jeder, der sich selbst erhöht, wird erniedrigt werden;

wer aber sich selbst erniedrigt, der wird erhöht werden." (Luk 18,10-14)

Gott ist durch unsere guten Werke nicht beeindruckt, wenn wir sie benützen, um unsere Sünden damit zu kaschieren. Diese Art von Selbstgerechtigkeit verabscheut Er, weil Er sie durchschaut. Er will aber durchaus Werke der Umkehr sehen. Diese müssen gar nicht spektakulär sein. Der Zöllner dachte offenbar selbstkritisch über sein Leben nach. Er erkannte, wie Er im Licht Gottes dastand. Er schlug an seine Brust und bekannte sich schuldig. Er bat um Gnade.

Gnade ist nicht selbstverständlich und will erbeten werden. Darauf reagiert Gott mit Wohlwollen und Liebe. Da vergab Er dem Zöllner und sprach ihn, den eigentlich Ungerechten, gerecht; denn aufgrund dieser Haltung ist auch zu erwarten, dass der Zöllner nun ein anderes Leben führen wird, dass er der zugesprochenen Gerechtigkeit auch in der Praxis entsprechen will. Wahre Umkehr beinhaltet den Vorsatz, es von nun an anders und besser zu machen.

Wir sollen nie vergessen, dass Gott sich nicht spotten lässt. Wer meint, berechnend

Gnade erflehen zu können, ohne wirklich sein Leben ändern zu wollen, wird bei Gott keine Anerkennung und auch keine Barmherzigkeit zu erwarten haben.

Darum hat Johannes der Täufer mit großem Ernst vom Gericht Gottes geredet, in dem die Spreu vom Weizen getrennt wird. Denn es soll jedem klar sein, dass das Königreich Gottes kein Angebot ist, das, wenn man es ausschlägt, keine negativen Auswirkungen hat. Es gibt kein besonders schönes Leben unter der Königsherrschaft Gottes und ein vielleicht etwas weniger schönes Leben außerhalb desselben. Es gibt keine zwei Optionen für ein glückliches ewiges Leben, denn Gott will die Ungerechtigkeit, den Krieg, die Gier, die Zuchtlosigkeit, die Ehrlosigkeit, die Bosheit in ihrer Vielfältigkeit nicht auf ewig dulden. Wer sich davon nicht trennt, wird von Gott gemeinsam mit all diesen Boshaftigkeiten auf ewig verworfen werden.

Der Täufer predigte also so, dass es durch Mark und Bein ging, dass es niemanden neutral ließ: *„Er sprach nun zu der Volksmenge, die hinausging, um sich von ihm taufen zu* *lassen: Schlangenbrut! Wer hat euch unterwie-sen, dem kommenden Zorn zu entfliehen? So bringt nun Früchte, die der Buße würdig sind! Und fangt nicht an, bei euch selbst zu sagen: Wir haben Abraham zum Vater! Denn ich sage euch: Gott vermag dem Abraham aus diesen Steinen Kinder zu erwecken. Es ist aber auch schon die Axt an die Wurzel der Bäume gelegt. Jeder Baum nun, der keine gute Frucht bringt, wird abge-hauen und ins Feuer geworfen!"* (Luk 3,7-9)

Gott will keine Mitläufer. Er möchte nicht, dass sich jemand taufen lässt, weil das gerade schick oder modern ist, weil es die Nachbarn und die Freunde auch tun, oder weil man zu einem „Club der Auser-wählten" dazugehören möchte. Diese Er-schütterung und Beleidigung ist wichtig, um uns einmal in einem völlig neuen Licht zu sehen: Als Schlangenbrut.

Die Schlange verführte die ersten Menschen im Paradies zur Sünde. Als Schlangenbrut bezeichnet zu werden, heißt so viel wie: *„Ihr seid Kinder des Teufels!"* Das traf besonders die religiös Ernsthaften wie ein Schock, die meinten als Kinder Abrahams irgendeinen Vorzug vor Gott zu haben. Nein. Niemand ist von diesem Vorwurf ausgenommen. Auch wir nicht. Der Herr Jesus war ähnlich direkt: *„Da sprach Jesus zu den Juden, die an ihn glaubten: Wenn ihr in meinem Wort bleibt, so seid ihr wahrhaftig meine Jünger, und ihr werdet die Wahrheit erkennen, und die Wahrheit wird euch frei machen! Sie antworteten ihm: Wir sind Abrahams Same und sind nie jemandes Knechte gewesen; wie kannst du da sagen: Ihr sollt frei werden? Jesus antwortete ihnen: Wahrlich, wahrlich, ich sage euch: Jeder, der die Sünde tut, ist ein Knecht der Sünde."* (Joh 8,31-34) Jetzt hätten Seine Zuhörer ja einlenken können, denn diese noch recht freundlichen, aber klaren Worte sollten sie doch betroffen machen. Stattdessen rechtfertigten sie sich: *„Sie antworteten und sprachen zu ihm: Abraham ist unser Vater! Jesus spricht zu ihnen: Wenn ihr Abrahams Kinder wärt, so würdet ihr Abrahams Werke tun."* (Joh 8,39) Hier versucht der Herr Jesus, ihnen klarzumachen, dass die Abstammung von Abraham nichts ist, wenn man nicht auch so lebt wie Abraham. Es geht Gott immer um unser Tun, nicht bloß um die Zugehörigkeit zu einer Religion oder dem Volk Gottes.

Bis jetzt ist der Herr sehr freundlich geblieben, oder? Das Gespräch ging weiter, doch sie konnten oder wollten Ihn nicht verstehen. Da wurde Er sehr direkt: *„Warum* *versteht ihr meine Rede nicht? Weil ihr mein Wort nicht hören könnt! Ihr habt den Teufel zum Vater, und was euer Vater begehrt, wollt ihr tun!"* (Joh 8,43-44)

Heute sind die Menschen sehr rasch beleidigt. So wie der Herr Jesus oder Johannes der Täufer die Leute anredeten, ist in unserer Zeit schlecht angesehen. Warum aber taten sie das? Weil es todernst ist. Weil die falsche Selbstsicherheit der Religion und das falsche Selbstbild unseres „Gutseins" durchbrochen werden müssen. Weil es nicht um Zugehörigkeit oder Abstammung, auch nicht um im Vergleich zu anderen relative Anständigkeit geht, sondern um ein nach Gottes Maßstäben verändertes Leben. Weil die Botschaft vom Königreich Gottes ein Ultimatum ist, das eine radikale Lebensänderung erfordert. Die Alternative ist das Feuer – und niemand, auch Gott nicht, will auch nur einen Sünder in die Hölle werfen! Und doch setzt die Teilhabe am Reich Gottes diese Lebensänderung unbedingt voraus. Und die muss freiwillig erfolgen.

Um diese Freiwilligkeit zum Ausdruck zu bringen, hat Gott die Taufe geboten. Sowohl die vorläufige Taufe des Johannes am Beginn der Evangelien, als auch die Taufe, die Christus nach Seiner Auferstehung geboten hat, sind Ausdruck dieser freiwilligen Umkehr. Die Taufe geht einher mit dem Eingeständnis und Bekenntnis der Sünden, der Bitte an Gott um ein gutes Gewissen und Vergebung.

Wer auch nur einen Moment innehält, erkennt sofort, dass es ein Unsinn ist, Kinder zu taufen, die noch nicht frei entscheiden können und auch noch gar nicht gesündigt haben. Die Praxis der Kindertaufe stammt auch nicht aus dem Neuen Testament, sondern kam erst rund 150 Jahre später auf. Wie aber sollten Neugeborene ihre Sünden bekennen und ihre Gesinnung ändern?

Wie ist das nun mit uns? Wie reagieren wir auf eine so direkte Ansprache als Schlangenbrut und Kinder des Teufels? Wo zeigt sich in unserem Leben dieser Charakter der Finsternis, dieser Hass auf das Gute, Wahre und Schöne? Was halten wir von dieser hochmütigen Unabhängigkeit von Gott und Auflehnung gegen Ihn? Ertragen wir es, uns in diesem Licht zu betrachten oder zerbrechen wir daran?

Dieser Zerbruch ist heilsam, denn er führt zu der Haltung des erwähnten Zöllners, der in eben diesem Zustand sich der Liebe und Barmherzigkeit Gottes zuwendet mit der schlichten und aufrichtigen Bitte: *„Herr, sei mir Sünder gnädig!"* Im Grunde ist es so einfach und so befreiend!

Die Folge ist Frieden – Frieden mit Gott!

DER KÖNIG, DER ARM WURDE

Jedes Jahr zu Weihnachten erinnern wir uns daran, unter welchen Umständen der Sohn Gottes geboren wurde. Nicht nur, dass die Zeugung durch den Heiligen Geist in der Jungfrau Maria eine für alle Beteiligten große Zumutung war, weil es zu unglaublich klang – und doch wahr war. Sondern auch, weil die Geburt just dann stattfinden sollte, als die hochschwangere Maria mit Josef in einer Steuerangelegenheit nach Bethlehem ziehen musste, um Jahrhunderte alte Voraussagen zu erfüllen (Micha 5,1-4). Dort überkamen sie die Wehen und sie gebar den Sohn Gottes, legte ihn in eine Futterkrippe, weil sie sonst keine Herberge fanden. Die Flucht nach Ägypten, da der König Herodes dem neugeborenen „König der Juden" nachstellte, machte aus dem Sohn Gottes obendrein einen Flüchtling.

Sein Leben begann sehr „ruppig", mit vielen Entbehrungen, wobei das Ausmaß dieser Entbehrungen für uns gar nicht wirklich nachvollziehbar ist: *„Der, als er in der Gestalt Gottes war, es nicht wie einen Raub festhielt, Gott gleich zu sein; sondern er (Jesus) entäußerte sich selbst, nahm die Gestalt eines*

Knechtes an und wurde wie die Menschen; und in seiner äußeren Erscheinung als ein Mensch erfunden, erniedrigte er sich selbst und wurde gehorsam bis zum Tod, ja bis zum Tod am Kreuz." (Phil 2,6-8)

Wie will man den Abstieg vom Himmel auf die Erde erfassen? Von der göttlichen Herrlichkeit in die schmutzige Menschlichkeit? Von der Ewigkeit in die Sterblichkeit? Von der Allmacht in die Schwachheit? Von der Herrschaft des Universums zum Gehorsam eines Knechtes?

Wir können es nicht ermessen, aber ein Satz steht vor diesem Text, der uns überraschen und herausfordern soll: *„Denn ihr sollt so gesinnt sein, wie es Christus Jesus auch war."* (Phil 2,5) Der Herr Jesus ruft uns immer wieder zu: *„Folge mir nach!"* Hier: *„Folge mir nach in meiner Erniedrigung zur Knechtsgestalt und zum Gehorsam."*

Was das bedeutet, steht wieder unmittelbar davor im Text: *„Tut nichts aus Selbstsucht oder nichtigem Ehrgeiz, sondern in Demut achte einer den anderen höher als sich selbst. Jeder schaue nicht auf das Seine, sondern jeder auf das des anderen."* (Phil 2,3-4)

Sich selbst erniedrigen, wie Christus es tat, bedeutet, *jeden* anderen höher zu achten als sich selbst. Diese Gesinnung beweist man, indem man nicht das sucht, was einem selbst dient, sondern was den anderen dient. Wie der Herr Jesus seine göttliche Gestalt ablegte und Mensch wurde, so sollen wir Selbstsucht und Ehrgeiz ablegen.

Von dieser Haltung des Herrn Jesus uns gegenüber profitieren wir mehr als wir uns vorstellen können: *„Denn ihr kennt ja die Gnade unseres Herrn Jesus Christus, dass er, obwohl er reich war, um euretwillen arm wurde, damit ihr durch seine Armut reich würdet."* (2.Kor 8,9) Es geht soweit, dass Sein Verzicht auf das eigene Leben in Seinem Tod am Kreuz uns das ewige Leben geschenkt hat. *„Größere Liebe hat niemand als die, dass einer sein Leben lässt für seine Freunde."* (Joh 15,13)

Sind wir Seine Freunde? Wie können wir das wissen, wo doch so eine Zusage damit verbunden ist? Der Herr gibt uns eine sehr einfache Antwort darauf: *„Ihr seid meine Freunde, wenn ihr tut, was immer ich euch gebiete."* (Joh 15,14) Der Gehorsam beginnt damit, dem Zuruf *„Komm, folge mir nach!"*

zu antworten, indem man genau damit beginnt: den Herrn Jesus beobachten und nachahmen, bis wir mehr und mehr werden wie Er. Dieses *„was immer"* Er uns gebietet setzt ein Grundvertrauen voraus, diesen biblischen Glauben, der gewiss ist, dass vom Herrn Jesus nur Gutes und Gerechtes zu erwarten ist. Er gebietet uns nichts aus Willkür oder Launenhaftigkeit heraus, sondern als Schöpfer des Lebens sind alle Seine Gebote im Einklang mit dem Leben; jedoch nicht mit dem Leben, wie wir es aus dieser Welt kennen, sondern mit dem Leben, wie es dem Königreich Gottes entspricht.

Dieses Königreich hat nun zwei Phasen, wenn man so sagen will: Die erste Phase ist die der Erniedrigung, des Dienstes und der Selbstverleugnung. Auf diese folgt die Erhöhung, wie wir das auch beim Herrn Jesus sehen: *„Darum hat ihn Gott auch über alle Maßen erhöht und ihm einen Namen verliehen, der über allen Namen ist, damit in dem Namen Jesu sich alle Knie derer beugen, die im Himmel und auf Erden und unter der Erde sind, und alle Zungen bekennen, dass Jesus Christus der Herr ist, zur Ehre Gottes, des Vaters."* (Phil 2,9-11)

Auch uns spricht Gott diese Verheißung zu: *„Glaubwürdig ist das Wort: Wenn wir mit-gestorben sind, so werden wir auch mitleben; wenn wir standhaft ausharren, so werden wir mitherrschen; wenn wir verleugnen, so wird er uns auch verleugnen; wenn wir untreu sind, so bleibt er doch treu; er kann sich selbst nicht verleugnen."* (2.Tim 2,11-13) Auch wir werden mit Christus erhöht werden und erhalten Anteil an Seiner Königsherrschaft. Doch es gibt Bedingungen: Wenn wir mit-gestorben sind, das heißt diesen Weg der Erniedrigung und Selbstverleugnung wirk-lich gegangen sind. Wenn wir in Verfolgun-gen um Christi Willen standhaft bleiben, wie auch Er gehorsam bis zum Tod am Kreuz geblieben ist.

Wenn wir Ihn hingegen aus Angst vor den Menschen verleugnen, so wird auch Er uns vor dem himmlischen Vater verleugnen (Mat 10,33). Wenn wir Ihm die Treue bre-chen, so wird Er Sein Wort nicht brechen, dass Er treu und gerecht ist und uns vergibt, wenn wir die Sünde bekennen (1.Joh 1,9). Wenn wir dann aber in der Untreue verhar-ren, verlieren wir alles (Heb 3,12-15).

Es geht tatsächlich um einen Lebensstil, eine Grundhaltung, die unser ganzes Leben durchziehen soll. Es nützt uns nichts, diesen Weg zu beginnen, wenn wir ihn nicht bis zum Ende gehen. Was kann uns dabei ermuntern, trösten, aufrichten und stärken, wenn wir auf diesem Weg verzagen, mutlos werden, schwach sind?

„Da wir nun eine solche Wolke von Glaubenszeugen (der vergangenen Jahrtausende) um uns haben, so lasst uns jede Last ablegen und die Sünde, die uns so leicht umstrickt, und lasst uns mit Ausdauer laufen in dem Kampf, der vor uns liegt, indem wir hinschauen auf Jesus, den Anfänger und Vollender des Glaubens, der um der vor ihm liegenden Freude willen das Kreuz erduldete und dabei die Schande für nichts achtete, und der sich zur Rechten des Thrones Gottes gesetzt hat. Achtet doch auf ihn, der solchen Widerspruch von den Sündern gegen sich erduldet hat, damit ihr nicht müde werdet und den Mut verliert!" (Heb 12,1-3)

Die wichtigste Hilfe und der größte Ansporn sind Vorbilder, denn es geht um einen Lebensstil, nicht bloß um Lebensweisheiten. Zu sehen, wie andere vor uns diesen Weg gegangen sind und ihn vollendet haben, macht Mut. Wir können auch von ihren

Erfahrungen lernen, wie sie mit Rückschlägen und Versagen zurechtkamen. Oder wie sie im Vertrauen auf Gott etwas wagten, was menschlich gesehen unsinnig schien. Oder wie sie großes Leid um des Glaubens Willen ertrugen. Wie Gott sie aus Nöten rettete, oder es zuließ, dass sie für Seinen Namen den Tod erlitten. Das ganze 11. Kapitel des Hebräerbriefs zeigt uns solche Beispiele. Diese menschlichen Vorbilder sind wichtig, da wir uns leicht mit ihnen identifizieren können. Darüber dürfen wir nicht vergessen, dass Jesus Christus um nichts weniger menschlich war als wir. Wie hat Er durchgehalten? Er hat so viel Widerspruch erfahren und sich nicht entmutigen lassen! Er erduldete das Kreuz, weil Er über das Kreuz hinaus auf die Freude blickte, die es bewirken würde: Seine Auferstehung und die Erlösung einer unzählbaren Menge von Gläubigen.

Unser König Jesus Christus wurde arm. Doch nur für eine vergleichsweise sehr kurze Zeit. Wenn wir Ihm nachfolgen, Ihn nachahmen, bedeutet das auch eine Form der Armut, der Selbstverleugnung zum Segen und Nutzen anderer. Und auch das ist nur für eine vergleichsweise kurze Zeit.

Haben wir eine Vorstellung von der Freude, die uns erwartet? Die Freude unserer eigenen Auferstehung? Die Freude über Menschen, die durch unser jesusgleiches Leben selbst Nachfolger Jesu werden? Wie wird das sein, wenn der Herr uns auferweckt und zuspricht: *„Recht so, du guter und treuer Knecht! Du bist über wenigem treu gewesen, ich will dich über vieles setzen; geh ein zur Freude deines Herrn!"* (Mat 25,23)

Der König kam arm und in Knechtsgestalt. Er wurde gekreuzigt, aber der Tod konnte Ihn nicht halten. Der Vater erhöhte Ihn zu Seiner Rechten auf den Thron. Der Herr Jesus wird in Macht und Herrlichkeit wiederkommen, um die Spreu vom Weizen zu trennen. Die einen werden Miterben Seines Reiches sein und in die ewige Freude eingehen; die anderen werden mit unauslöschlichem Feuer verbrannt werden. Lohnt es sich, dem Herrn Jesus nachzufolgen? Überschlage die Kosten gut!

AUCH DER SOHN GOTTES
MUSSTE ERZOGEN WERDEN

Diese Ansprüche sind sehr hoch. Das vollkommene Vorbild des Herrn Jesus kann uns einschüchtern und wir könnten mit den Worten aufgeben: *„So wie Er kann ich nie werden."* Wenn wir so denken, so glauben wir jedoch nicht wirklich, dass Er so wie wir geworden ist.

Darum ist der Glaube an die völlige Menschwerdung des Sohnes Gottes so wichtig. Bis hin, dass erwähnt wird, wie Er in Windeln gewickelt wurde. Gerade diese Windeln sollten ein Zeichen für die Hirten auf dem Feld sein: *„Und das sei für euch das Zeichen: Ihr werdet ein Kind finden, in Windeln gewickelt, in der Krippe liegend."* (Luk 2,12)

Kaum etwas anderes vermittelt uns das völlige Menschsein Jesu so sehr, wie die Tatsache, dass auch Er sauber werden, gehen und reden lernen musste. Er hatte eine liebevolle Mutter und einen Ziehvater, die sich um Ihn kümmerten, Ihm beibrachten, wie man Bitte und Danke sagt, Ihn in die

Synagoge mitnahmen, wo er lernte, die heiligen Schriften zu lesen, zu verinnerlichen und zu leben.

Im Alter von zwölf Jahren jedoch blitzte etwas auf, das im Erziehungsalltag offenbar übersehen wurde, denn Maria und Josef waren davon doch sehr überrascht: *„Und seine Eltern reisten jährlich am Passahfest nach Jerusalem. Und als er zwölf Jahre alt war, gingen sie nach dem Brauch des Festes hinauf nach Jerusalem. Und als sie die Tage vollendet hatten und wieder heimkehrten, blieb der Knabe Jesus in Jerusalem; und Joseph und seine Mutter wussten es nicht. Da sie aber meinten, er wäre bei den Reisegefährten, zogen sie eine Tagereise weit und suchten ihn unter den Verwandten und unter den Bekannten. Und weil sie ihn nicht fanden, kehrten sie wieder nach Jerusalem zurück und suchten ihn. Und es geschah, nach drei Tagen fanden sie ihn im Tempel sitzend mitten unter den Lehrern, wie er ihnen zuhörte und sie befragte.*

Es erstaunten aber alle, die ihn hörten, über sein Verständnis und seine Antworten. Und als sie ihn sahen, waren sie bestürzt; und seine Mutter sprach zu ihm: Kind, warum hast du uns das getan? Siehe, dein Vater und ich haben dich mit Schmerzen gesucht! Und er sprach zu ihnen:

Weshalb habt ihr mich gesucht? Wusstet ihr nicht, dass ich in dem sein muss, was meines Vaters ist? Und sie verstanden das Wort nicht, das er zu ihnen sagte." (Luk 2,41-50)

Obwohl Jesus wusste, wer Er war und wer Sein wirklicher Vater war, lebte Er dennoch in der Obhut und in Abhängigkeit von zwei Menschen. Es verblüfft uns, wenn wir weiterlesen: *„Und er ging mit ihnen hinab und kam nach Nazareth und ordnete sich ihnen unter."* (Luk 2,51) Der Sohn Gottes ordnet sich fehlbaren, unsicheren, mangelhaften Menschen unter! Warum? Die Folge dessen ist noch überraschender: *„Und Jesus nahm zu an Weisheit und Alter und Gnade bei Gott und den Menschen."* (Luk 2,52) Der Sohn Gottes hatte als Mensch genauso viel zu lernen wie wir! Auch Er wuchs über Kindheit und Jugend zum Mannesalter heran. Es gab für Ihn keine Abkürzung.

Wenn Jesus Christus uns zuruft: *„Folge mir nach!"*, dann erwartet Er von uns nicht, was nicht auch Er machte. Er fiel nicht als vollkommener Mensch vom Himmel, und ebensowenig erwartet Er von uns, dass wir ab Tag eins unserer Bekehrung vollkommene Christen werden. Wir haben wie Er einen

Wachstumsprozess zu durchlaufen. Wir können dabei nichts überspringen und keine Abkürzungen nehmen. Wir können uns aber als lernwillig oder „erziehungsresistent" erweisen. Welche Gesinnung passt auf uns, auf dich und mich?

Der Herr Jesus will uns zu Seinen Jüngern, Seinen Schülern machen, so wie Er selbst ein Jünger war. Wirklich? So steht es über Ihn geschrieben: *„GOTT, der Herr, hat mir die Zunge eines Jüngers gegeben, damit ich den Müden mit einem Wort zu erquicken wisse. Er weckt Morgen für Morgen, ja, er weckt mir das Ohr, damit ich höre, wie Jünger hören. GOTT, der Herr, hat mir das Ohr geöffnet; und ich habe mich nicht widersetzt und bin nicht zurückgewichen."* (Jes 50,4-5)

Um diese Gesinnung geht es, die auch in Ihm war (vgl. Phil 2,5). Wie lernt man am besten und schnellsten? Wenn man sich der Unterweisung nicht entzieht, sondern regelmäßig jeden Morgen das Wort Gottes zur ersten Priorität macht. Und nicht nur das: Zum Hören gehört das Tun. In diesem Fall ist die Rede davon, den Müden durch ein aufmunterndes Wort zu erquicken. Dieses hilfreiche Wort empfangen wir durch das Hören auf Gottes Wort.

So lebte der Herr Jesus als Mensch. Er war lernbereit, Ihm wurde Sein Bibelwissen nicht einfach mit den Genen vererbt, denn Sein körperliches Gehirn war genauso unbeschrieben wie unseres, wenn wir zur Welt kommen. Er musste sich ebenso alles aneignen, und es fiel Ihm nicht leichter als uns, nach Gottes Willen leben zu lernen: *„Dieser hat in den Tagen seines Fleisches (d.h. Menschseins auf Erden) sowohl Bitten als auch Flehen mit lautem Rufen und Tränen dem dargebracht, der ihn aus dem Tod erretten konnte, und ist auch erhört worden um seiner Gottesfurcht willen. Und obwohl er Sohn war, hat er doch an dem, was er litt, den Gehorsam gelernt; und nachdem er zur Vollendung gelangt ist, ist er allen, die ihm gehorchen, der Urheber ewigen Heils geworden."* (Heb 5,7-9)

Obwohl Er Sohn Gottes war, musste Er zur Vollendung gelangen. Durch Gebet, durch Anfechtungen und Leid, durch Gehorsam und Gottesfurcht, durch den Tod hindurch zur Auferstehung. Nur so konnte Er der Urheber unseres Heils, unserer Erlösung werden, denn Sein Vorbild ist ebenso wichtig wie das für uns zur Vergebung der

Sünden vergossene Blut! Denn die Errettung setzt voraus, dass wir unser Leben ändern, und zwar nach den Geboten Gottes. Wir müssen dem Herrn Jesus also gehorchen, um zu Seinen Freunden zu zählen, für die Er Sein Leben ließ (vgl. Joh 15,13-14).

Wir können dabei von Seinem Vorbild lernen, denn Er ist nicht einer, der bloß von oben herab etwas gebietet, sondern der uns auch vorgemacht hat, wie es geht. Er ist nicht autoritär, sondern Er ist eine wirkliche Autorität. Ein Meister, dem man gerne zuschaut, um von Ihm zu lernen. Und dazu lädt Er uns herzlich ein: *„Kommt her zu mir alle, die ihr mühselig und beladen seid, so will ich euch erquicken! Nehmt auf euch mein Joch und lernt von mir, denn ich bin sanftmütig und von Herzen demütig; so werdet ihr Ruhe finden für eure Seelen! Denn mein Joch ist sanft und meine Last ist leicht."* (Mat 11,28-30)

Erinnern wir uns: Der Herr selbst ist ein Jünger, der die Müden erquicken will, hieß es beim Propheten Jesaja. Hier sehen wir, wie Er das tut. Er lädt uns zu Sich ein, damit wir von Ihm lernen. Er sieht uns als Mühselige und Beladene, und Er will uns von dieser Last befreien, um uns Sein Joch aufzulegen. Dieses Joch hat die symbolische Bedeutung, Ihn als Herrn und Meister anzunehmen. Sein Joch ist sanft, aber es ist ein Joch; wir müssen Ihm gehorsam werden. Seine Last ist leicht, aber es ist eine Last; es wird uns nicht immer gefallen, sie tragen zu müssen.

Aber wie unterscheiden sich Sein Joch und Seine Last von der Mühsal und Last, die wir uns selbst und einander auflegen! Gerade die Religion überfordert uns mit Forderungen nach einer Perfektion, die wir noch nicht bringen können. Gerade Menschen stellen Erwartungen an uns, die über das hinausgehen, was Gott von uns fordert. Denken wir an den Leistungsdruck in der Gesellschaft, an die erdrückenden Schönheitsideale der Mode, die Normen für Bildung und Intelligenz, die alle über einen Kamm scheren wollen, die Last eines viel zu hohen Lebensstandards, für den wir uns verausgaben und verschulden. Oder Erwartungen, die wir an uns selbst stellen, weil wir meinen so und so sein zu müssen.

Wie sollen wir aber sein? Wir sind doch im Bilde Gottes erschaffen, sollen Sein Wesen annehmen, Seinen Charakter widerspiegeln. Darum legt uns der Herr Jesus Seine Demut und Sanftmut als Vorbild vor. Gibt es eine einladendere Einladung? Gibt es irgendwo einen anderen Weg, so zu werden, wie wir von Gott her gewollt sind?

Der Weg dazu ist Erziehung. Wir sollen uns von Gott erziehen lassen, wie ein Kind erzogen wird. Paulus schreibt: *„Werdet nun Gottes Nachahmer als geliebte Kinder und wandelt in der Liebe, gleichwie auch Christus uns geliebt und sich selbst für uns gegeben hat als Darbringung und Schlachtopfer, zu einem lieblichen Geruch für Gott.*

Unzucht aber und alle Unreinheit oder Habsucht soll nicht einmal bei euch erwähnt werden, wie es Heiligen geziemt; auch nicht Schändlichkeit und albernes Geschwätz oder Witzeleien, die sich nicht gehören, sondern vielmehr Danksagung. Denn das sollt ihr wissen, dass kein Unzüchtiger oder Unreiner oder Habsüchtiger (der ein Götzendiener ist), ein Erbteil hat im Reich des Christus und Gottes." (Eph 5,1-5)

Unzucht, Unreinheit, Habsucht und all die anderen Sünden sind eine bedrückende Last, sie beflecken unser Gewissen, versetzen uns in Angst vor dem gerechten Urteil über unsere Taten. Diese Angst wollen wir überspielen oder verdrängen, wodurch wir uns nur noch mehr in der Sünde und im Selbstbetrug verstricken. Das alles muss doch nicht sein! Werden wir doch Gottes Nachahmer als Seine geliebten Kinder!

Da bleibt nur eine Frage: Bist du ein Kind Gottes? Während viele Menschen die Frage mit einem spontanen Ja beantworten, nannte Johannes der Täufer uns doch eine Schlangenbrut und der Herr Jesus Kinder des Teufels, weil unsere Taten zeigen, wessen Kinder wir sind. Wie wird man nun ein Kind Gottes? So, wie der Sohn Gottes ein Menschensohn wurde: Durch eine Geburt: *„Allen aber, die ihn (Jesus) aufnahmen, denen gab er das Anrecht, Kinder Gottes zu werden, denen, die an seinen Namen glauben; die nicht aus dem Blut, noch aus dem Willen des Fleisches, noch aus dem Willen des Mannes, sondern aus Gott geboren sind."* (Joh 1,12-13) und weiter: *„Wahrlich, wahrlich, ich sage dir: Wenn jemand nicht aus Wasser und Geist geboren wird, so kann er nicht in das Reich Gottes eingehen! Was aus dem Fleisch geboren ist, das ist Fleisch, und was aus dem Geist geboren ist, das ist Geist."* (Joh 3,5-6) und anderswo: *„ Darum: Ist jemand in Christus, so ist er eine neue Schöpfung; das Alte ist vergangen; siehe, es ist alles neu geworden!"* (2.Kor 5,17) und zur Bekräftigung: *„Gelobt sei der Gott und Vater unseres Herrn Jesus Christus, der uns aufgrund seiner großen Barmherzigkeit wiedergeboren hat zu einer lebendigen Hoffnung durch die Auferstehung Jesu Christi aus den Toten, zu einem unvergänglichen und unbefleckten und unverwelklichen Erbe, das im Himmel aufbewahrt wird für uns."* (1.Petr 1,3-4)

Auch wir müssen also als Söhne Gottes wiedergeboren werden durch den Geist Gottes. Unser Herr Jesus wurde ganz Mensch wie wir, aber Er war immer auch Sohn Gottes. Wir müssen ganz Kinder Gottes werden, wie Er, obwohl wir immer auch Menschen bleiben mit unserer uns anhaftenden alten, sterblichen Natur, ihren schlechten Gewohnheiten und Prägungen.

Gibt es einen wesensmäßigen Unterschied zwischen Menschen, die durch Gottes Geist zu Kindern Gottes geboren wurden und dem Sohn Gottes, der durch Maria zu einem Menschensohn geboren wurde? Petrus drückt es sehr klar aus: *„Da seine göttliche Kraft uns alles geschenkt hat, was zum Leben und zum Wandel in Gottesfurcht dient, durch* *die Erkenntnis dessen, der uns berufen hat durch seine Herrlichkeit und Tugend, durch welche er uns die überaus großen und kostbaren Verheißungen gegeben hat, damit ihr durch dieselben göttlicher Natur teilhaftig werdet, nachdem ihr dem Verderben entflohen seid, das durch die Begierde in der Welt herrscht, so setzt eben deshalb allen Eifer daran und reicht in eurem Glauben die Tugend dar."* (2.Petr 1,3-5)

Ein wirklicher Christ hat durch diese neue Geburt aus Gott Anteil an der göttlichen Natur. Was haben die Theologen für dicke Bücher geschrieben, um die „Zwei Naturen Christi" zu beschreiben! Aber wer hat sich je die Zwei Naturen eines Christen vergegenwärtigt? Hier liegt der Schlüssel, das Geheimnis, die Kraft zu einem Leben, das mehr und mehr dem Leben des Herrn Jesus Christus gleichen wird. Unter einer Bedingung: Wenn wir allen Fleiß aufwenden, wenn wir wie Er uns erziehen lassen, gehorsam werden, Gott nachahmen, den Anfechtungen der Sünde widerstehen.

Es ist also schon richtig, wenn wir angesichts des vollkommenen Vorbildes Christi eingeschüchtert sind. Uns fehlt von Natur aus dieser göttliche Anteil, der uns erst geschenkt werden muss, indem wir Jesus

Christus annehmen und durch den Heiligen Geist neu geboren werden. Aber dann ist alles in uns völlig anders: Das Alte ist vergangen, alles ist neu geworden (2.Kor 5,17). Die Verwirklichung des Neuen ist jedoch ein Wachstumsprozess, wie ihn auch der Herr Jesus durchlaufen musste.

Hier ist auch Geduld und Nachsicht vonnöten. Gott ist durchaus geduldig und nachsichtig mit uns, aber sind wir es uns selbst und anderen gegenüber?

Was wahre Christen für Menschen sind!

Jedes Königreich hat einen König, Bürger, ein Gebiet und Gesetze. Im Königreich Gottes ist Jesus Christus der König, die durch den Geist geborenen Christen sind die Bürger, das Herrschaftsgebiet wird am Ende die ganze Welt umspannen, wenn Himmel und Erde erneuert (Offb 21,1-5) werden. Sein Gesetz stellt der Herr in der Bergpredigt vor.

Bevor wir ein paar Beispiele daraus ansehen, möchte ich betonen, dass dieses Gesetz ein neues Gesetz für dieses neue Leben ist. Die Bergpredigt ist völlig unpassend für die Reiche dieser Welt und auch völlig unmöglich für Menschen, die nicht Anteil an dieser göttlichen Natur erhalten haben. Das wird sofort klar, wenn wir in uns hinein hören, wie wir von Natur aus darauf reagieren.

Während Sein Joch für Gottes Kinder sanft und Seine Last leicht ist, sind die Ansprüche der Bergpredigt für die Brut der Schlange schlicht und ergreifend nicht zu erfüllen. Und doch müssen wir danach leben, um in das Reich Gottes zu gelangen. Das macht der Herr ziemlich zu Beginn der Bergpredigt klar: *„Wenn eure Gerechtigkeit die der Schriftgelehrten und Pharisäer nicht weit übertrifft, so werdet ihr gar nicht in das Reich der Himmel eingehen!"* (Mat 5,20) Und am Ende der Bergpredigt schärft Er es uns nochmals ein: *„Nicht jeder, der zu mir sagt: Herr, Herr! wird in das Reich der Himmel eingehen, sondern wer den Willen meines Vaters im Himmel tut."* (Mat 7,21)

Sind wir bereit für die größte Herausforderung, die je an Menschen gestellt wurde?

Der Herr beginnt mit der Beschreibung der Menschen, für die das Reich Gottes bestimmt ist. Das sind die berühmten Seligpreisungen, die ich nun kurz vorstellen und erklären will:

„Glückselig sind die geistlich Armen, denn ihrer ist das Reich der Himmel!" (Mat 5,3)

Arm zu sein an sich ist oft Schicksal und keine Leistung, die einer Verheißung wert wäre. Tatsächlich preist der Herr aber auch die Armen selig (Luk 6,20), da es im Rech Gottes einen Ausgleich gibt. Arm im Geist zu sein, ist hingegen eine freiwillige Entscheidung und Einstellung. Wer der Habsucht und Begierde absagt, wird vielleicht auch wirklich äußerlich arm. Aber die freiwillige Loslösung vom „ungerechten Mammon" (Luk 16,11) bewirkt eine bewusste Bedürftigkeit. Eine geistliche Bedürftigkeit, die den Menschen zu Gott treibt: *„Ich habe eine Not, die kein Geld der Welt mir lindern kann. Ich brauche Dich, Herr!"* Das ist geistliche Armut. Mit Dummheit hat das gar nichts zu tun, es ist im Gegenteil eine weise Grundhaltung, die wir einnehmen sollen.

„Glückselig sind die Trauernden, denn sie sollen getröstet werden!" (Mat 5,4)

Trauer ist die menschliche Reaktion auf einen Verlust. In dieser Welt, in der wir leben, ist alles von Verlust gekennzeichnet: Verlust des Lebens, Verlust der Gesundheit, Verlust von Freunden, Verlust des Arbeitsplatzes, Verlust der Perspektiven. Trauer ist das bewusste Wahrnehmen dieses Verlustes, und zwar ohne dies durch Ablenkungen, Alkohol oder andere Methoden überspielen zu wollen. Bürger des Reiches Gottes suchen den Trost Gottes, den Trost, der wirklich tröstet, weil er nicht in leeren Worten besteht, sondern in kraftvollen, ewig wahren Zusagen: *„Und Gott wird abwischen alle Tränen von ihren Augen, und der Tod wird nicht mehr sein, weder Leid noch Geschrei noch Schmerz wird mehr sein; denn das Erste ist vergangen."* (Offb 21,4) Das schließt die realistische Sicht auf diese Welt ein, die ein Ort des Todes ist, und richtet den Blick auf das ewige und unvergängliche Erbe im Königreich Gottes. Hier werden Zeit und Ewigkeit einander gegenübergestellt und aufgewogen, wie Paulus sagt: *„Denn ich bin überzeugt, dass die Leiden der jetzigen Zeit nicht ins Gewicht fallen gegenüber der Herrlichkeit, die an uns geoffenbart werden soll."* (Röm 8,18)

„Glückselig sind die Sanftmütigen, denn sie werden das Land erben!" (Mat 5,5)

Sanftmut ist nicht die Eigenschaft, mit der man es in dieser Welt zu etwas bringt. Wohl aber im Reich Gottes, denn dort ist so manches auf den Kopf gestellt, was bei uns „normal" erscheint. Sanftmut ist eine hervorstechende Eigenschaft des Herrn Jesus. Es ist eine Haltung, die auf Gegenwehr und Widerstand verzichtet, und die deshalb kurzfristig den Anschein erweckt, als würden wir unsere Rechte und Ansprüche verlieren. Wer nicht habsüchtig ist, wer dem eigenen Begehren absagt, der braucht auch nichts krampfhaft festhalten. Tatsächlich führte diese Haltung den Herrn Jesus ans Kreuz, wo Er noch für seine Feinde betete. War der Herr ein Verlierer? Das hängt davon ab, wie ernst man den Glauben an die Auferstehung nimmt. Wer daran glaubt, davon fest überzeugt ist, der kann kurzfristig scheinbar alles verlieren, und wird dennoch das Land erben. Das ist ein ewiger Besitz im Königreich Gottes. Wieder müssen wir auch hier zeitliche Nachteile mit ewiger Belohnung vergleichen. Wofür entscheiden wir uns?

„Glückselig sind, die nach der Gerechtigkeit hungern und dürsten, denn sie sollen satt werden!" (Mat 5,6)

Was Politiker auf Basis von verschiedenen Ideologien zuwege bringen, ist weit von Gerechtigkeit entfernt. Alles läuft in dieser Welt auf einen Interessensausgleich hinaus, auf den Ausgleich von Interessen selbstsüchtiger, kurzsichtiger, bestechlicher und sündiger Menschen. Wir beobachten das täglich. Im eigenen Land, oder im Umgang der Industriestaaten mit den Entwicklungsländern. Oft wird gefragt, wie Gott all das zulassen könne, wobei Gott uns ebenso fragen könnte: *„Warum lasst ihr so viel Ungerechtigkeit zu?"* Wir stecken alle tief mittendrin, wenn wir ehrlich sind. Oder sind deine Kleider und Schuhe echt europäische Handarbeit statt Billigprodukte aus Ländern, wo Menschen und Kinder ausgebeutet werden? Das Tragische ist, dass diese Systeme nicht mehr zu reformieren sind. Sie schreiten fort zu immer Böserem, bis ein großer Krieg wie ein Befreiungsschlag vieles davon zertrümmert. Sehnst du dich nach wahrer Gerechtigkeit? Dann sehne dich nach dem Reich Gottes, denn unser Herr Jesus ist der einzige, der diese Welt in Frieden und Gerechtigkeit regieren wird, wenn Er wieder kommt. Und heute, während wir uns in dieser Welt zu Seinem Reich bekennen, verwirklichen wir so viel an Gerechtigkeit, wie in unserem kleinen Leben und Umfeld möglich ist. Wer nach Gerechtigkeit hungert und dürstet, wird daher selbst auch gerecht leben und handeln.

„Glückselig sind die Barmherzigen, denn sie werden Barmherzigkeit erlangen!" (Mat 6,7)

Barmherzigkeit hat mit Mitleid zu tun. Unser Herr Jesus hatte Mitleid mit den Armen, den Kranken und Leidenden, mit den Verachteten und Ausgestoßenen – und wohl auch mit den selbstgerechten Pharisäern, die nicht und nicht verstanden, worum es Gott geht. Er half, Er hörte zu, Er heilte und tat Wunder, aber Er weinte auch mit den Weinenden. Jakobus, Sein Bruder, schreibt folgende wichtige Zeilen in seinem Brief: *„Denn das Gericht wird unbarmherzig ergehen über den, der keine Barmherzigkeit geübt hat; die Barmherzigkeit aber triumphiert über das Gericht."* (Jak 2,13) Es ist ein immer wiederkehrendes Prinzip Gottes: Wenn Er uns vergeben soll, müssen wir auch den anderen vergeben. Wenn Er uns barmherzig sein soll, dann müssen auch wir anderen gegenüber barmherzig sein. Es geht Gott ja darum, dass die Bürger Seines Reiches, sich mit den Werten und Tugenden Seines Reiches identifizieren und diese leben. Es geht weniger um große und spektakuläre Taten, als um von echter Nächstenliebe motivierte Barmherzigkeit: *„Und wenn ich alle meine Habe austeilte ... aber keine Liebe* *hätte, so nützte es mir nichts!"* (1.Kor 13,3) Wir freuen uns doch, wenn man mit uns barmherzig, mitleidig, geduldig und nachsichtig umgeht, stimmt's? *„Alles nun, was ihr wollt, dass die Leute euch tun sollen, das tut auch ihr ihnen ebenso; denn dies ist das Gesetz und die Propheten."* (Mat 7,12) Auch das steht in der Bergpredigt und wird die „Goldene Regel" genannt.

„Glückselig sind, die reinen Herzens sind, denn sie werden Gott schauen!" (Mat 6,8)

Äußerlich rein zu sein, ist gar nicht so schwierig. Heute duscht man täglich und wechselt häufiger das Gewand als je zuvor in der Geschichte, um nur ja nicht nach „Mensch" zu riechen. Es ist auch relativ einfach, äußerlich religiös und fromm zu erscheinen, und manche Dinge des Glaubenslebens haben ja auch mit der äußeren Erscheinung zu tun, etwa wie man sich kleidet, wie man spricht, was man tut. Die Pharisäer stießen sich einmal daran, dass die Jünger sich vor dem Essen die Hände nicht wuschen. Seine Antwort darauf, erklärt, worauf es wirklich ankommt: *„Begreift ihr nicht, dass alles, was von außen in den Menschen hineinkommt, ihn nicht verunreinigen* *kann? Denn es kommt nicht in sein Herz, sondern in den Bauch und wird auf dem natürlichen Weg, der alle Speisen reinigt, ausgeschieden. Er sprach aber: Was aus dem Menschen herauskommt, das verunreinigt den Menschen. Denn von innen, aus dem Herzen des Menschen, kommen die bösen Gedanken hervor, Ehebruch, Unzucht, Mord, Diebstahl, Geiz, Bosheit, Betrug, Zügellosigkeit, Neid, Lästerung, Hochmut, Unvernunft. All dieses Böse kommt von innen heraus und verunreinigt den Menschen."* (Mk 7, 18-23) Darum heißt es auch: *„Mehr als alles andere behüte dein Herz; denn von ihm geht das Leben aus."* (Spr 4,23) Christen sollen also darauf achten, dass sie in ihrem Inneren, in ihren Wünschen, Motiven, ihrer Gesinnung rein sind und bleiben. Das Äußere soll ein Ausdruck dessen sein, und es ist natürlich nicht egal, ob man mit schmutzigen Händen isst, unsauber ist oder stinkt. Nur bringen die äußeren Dinge alleine uns Gott keinen Schritt näher. Freust du dich darauf, Ihn einmal sehen zu dürfen? Dann achte auf dein Herz!

„Glückselig sind die Friedfertigen, denn sie werden Söhne Gottes heißen!" (Mat 5,9)

Das Reich Gottes ist ein Friedensreich. Wir lernen den Krieg nicht mehr und schmieden stattdessen unsere Schwerter zu Pflugscharen. Diese alte Prophezeiung ist ein ganz wichtiges Kennzeichen aller Christen, die das Wesen des Reiches Gottes verstanden haben. Leider sind es nicht mehr sehr viele. Das war einmal anders, denn in der Frühzeit der Christenheit blieben alle christlichen Männer dem Militär fern, und wenn sie als Soldaten zum Gauben kamen, suchten sie, sobald wie möglich frei zu werden und bemühten sich, niemandem Gewalt anzutun, wie es auch der Täufer Johannes lehrte. Stattdessen sollen wir friedfertig sein und auch Frieden stiften, wie es andere übersetzen. Wir sollen Gelegenheiten wahrnehmen, wo wir Streit schlichten können und kein Öl ins Feuer gießen. Wir sollen auch vermeiden, selbst einen Streit zu beginnen, oder aus Zorn heraus zu handeln. Auch hier hat Jakobus weise Worte für uns: *„Darum, meine geliebten Brüder, sei jeder Mensch schnell zum Hören, langsam zum Reden, langsam zum Zorn; denn der Zorn des Mannes vollbringt nicht Gottes Gerechtigkeit!"* (Jak 1,19-20) Was nicht Gottes Gerechtigkeit bewirkt, passt auch nicht zu Seinem Reich. Wer Frieden stiftet, erweist sich also als Sohn Gottes, denn auch der Herr Jesus

Christus kam, um Frieden zu schaffen: Frieden zwischen Gott und Mensch, Frieden zwischen den Menschen unterschiedlichster Herkunft in Seinem Königreich.

„Glückselig sind, die um der Gerechtigkeit willen verfolgt werden, denn ihrer ist das Reich der Himmel!" (Mat 5,10)

Wenn wir all das Obige beherzigen, dann werden wir der Welt einen Spiegel vorhalten, und so wie das Fabelwesen Basilisk beim Anblick seines Spiegelbildes zerplatzte, so werden gottlose Menschen durch unser friedfertiges, sanftmütiges, barmherziges, auf Gott ausgerichtetes reines Leben manchmal aggressiv reagieren. Denn ganz ohne Worte verurteilen wir das Leben der Welt durch unseren Lebenswandel. Darum werden wir verfolgt werden, wie das auch heute in einem Ausmaß der Fall ist, wie noch nie zuvor in der Geschichte. Genügt es uns zu wissen, dass das Reich Gottes unser ist? Sind wir bereit, für die rechte Sache verfolgt zu werden? Es mag Spott und Hohn sein, der uns trifft. Wir können den Arbeitsplatz verlieren, weil wir bestimmte Ungerechtigkeiten nicht mit-

tragen können. Man kann uns zusammen-
schlagen, weil wir uns für einen Menschen
öffentlich einsetzen. Wir können aus unserem Haus und unserem Land vertrieben
werden. Man kann uns ins Gefängnis stek-
ken, foltern und töten. Vielen Christen geht
es heute so – nicht weil sie unvorsichtig viel
vom Herrn Jesus reden, sondern weil ihr
Leben sich mit dem der Welt nicht verein-
baren lässt. Da wir aber alle sterben müssen,
sollten wir uns fragen, was auf unserem
Grabstein stehen soll: „Er starb um der
Gerechtigkeit willen", oder „Er war ein
schmieriger Opportunist und Feigling".
Hören wir genau, wer aller nicht ins Reich
Gottes gelangen wird: *„Die Feiglinge aber
und die Ungläubigen und mit Gräueln Befleck-
ten und Mörder und Unzüchtigen und Zauberer
und Götzendiener und alle Lügner – ihr Teil
wird in dem See sein, der von Feuer und
Schwefel brennt; das ist der zweite Tod."* (Offb
21,8)

*„Glückselig seid ihr, wenn sie euch
schmähen und verfolgen und lügnerisch
jegliches böse Wort gegen euch reden um
meinetwillen! Freut euch und jubelt, denn
euer Lohn ist groß im Himmel; denn ebenso*

haben sie die Propheten verfolgt, die vor euch gewesen sind." (Mat 5,11-12)

Wenn man schon aufgrund des Lebenswandels Nachteile und Verfolgung erleiden muss, dann umso mehr, wenn man den Herrn Jesus auch noch mit den Lippen bekennt. Genau das erwartet der Herr aber von uns: *„Jeder nun, der sich zu mir bekennt vor den Menschen, zu dem werde auch ich mich bekennen vor meinem Vater im Himmel; wer mich aber verleugnet vor den Menschen, den werde auch ich verleugnen vor meinem Vater im Himmel."* (Mat 10,32-33) Dieses Bekenntnis ist Ihm wohl deshalb so wichtig, weil auch Er sich so hingebungsvoll zu uns bekannt hat, als Er sich für uns kreuzigen ließ. Er starb für uns, wir müssen bereit sein für Ihn zu sterben. Dabei sollen uns einige Wahrheiten groß vor Augen stehen: *„Und fürchtet euch nicht vor denen, die den Leib töten, die Seele aber nicht zu töten vermögen; fürchtet vielmehr den, der Seele und Leib verderben kann in der Hölle!"* (Mat 10,28) und *„Und wer nicht sein Kreuz auf sich nimmt und mir nachfolgt, der ist meiner nicht wert. Wer sein Leben findet, der wird es verlieren; und wer sein Leben verliert um meinetwillen, der wird es finden!"* (Mat

10,38-39) Solch ein Leben setzt große Überzeugung voraus. Der christliche Glaube ist kein romantisches Gefühl, obwohl es große Gefühle geben kann, jubelnde Freude, tiefen inneren Frieden, ehrfurchtsvolles Staunen, Geborgenheit und herzliche Liebe, sowie heiligen Eifer, der einen verzehren kann. All das ist jedoch wertlos ohne die tiefe Überzeugung, dass Christus für uns den Tod überwunden hat und wir ein ewiges Erbe im Königreich Gottes erwarten, dessen Herrlichkeit, Schönheit und bleibenden Wert alle Leiden und Nachteile, die dieser Glaube mit sich bringt, bei weitem überwiegen. Mehr noch: Je mehr wir hier durchstehen müssen, desto schöner und reicher wird es dort!

Was für Menschen sollen wir sein und werden! Verstehen wir, warum dazu eine neue Geburt notwendig ist, die uns der göttlichen Natur teilhaftig werden lässt? Ohne dieses Wunder – und nichts weniger als das ist diese neue Geburt! – ist es dem Menschen unmöglich, den Erwartungen Gottes zu entsprechen.

ICH ABER SAGE EUCH

In der Bergpredigt stellt der Herr Jesus die Gebote Gottes, wie sie fast jeder auch heute noch kennt, ihrer eigentlichen tieferen Bedeutung gegenüber. Viele Menschen sagen durchaus ehrlich, dass sie die zehn Gebote immer gehalten haben. Das ist gut und lobenswert, und diese Gebote sind ja so formuliert, dass ein normaler Mensch, der sich etwas bemüht, sie auch halten kann. Es stimmt wahrscheinlich trotzdem ebenso, dass jeder Mensch auch schwache Momente hat, und ein Gebot bewusst bricht. Ebenso wahr ist wohl auch, dass kein Mensch sich selbst wirklich ehrlich beurteilen wird, wenn man ihn fragt. So gibt es wohl einen Wettstreit, wer der „Guteste" von allen ist, aber niemand strebt danach, als der größte Sünder zu gelten.

Wie der Herr Jesus nun aber die Gebote auslegt, lässt uns alle schamrot werden, denn da geht es nicht mehr nur darum etwas zu tun oder zu lassen. Er zeigt uns schonungslos, wie es in unserem Herzen aussieht. Drei Beispiele will ich vorstellen:

„Ihr habt gehört, dass zu den Alten gesagt ist: »Du sollst nicht ehebrechen!« Ich aber sage euch: Wer eine Frau ansieht, um sie zu begehren, der hat in seinem Herzen schon Ehebruch mit ihr begangen." (Mat 5,27-28)

Ehebruch gehört zu den schmerzhaftesten Ereignissen für ein Ehepaar. Der Tod des Partners ist oft leichter zu verschmerzen als die sexuelle Untreue. Gott schuf den Menschen als Mann und Frau mit einer sehr verletzlichen Sexualität, die – anders als bei den meisten Tieren – mit einer engen persönlichen Bindung einhergeht. Ich freue mich über jedes alte Ehepaar, dass die silberne oder goldene Hochzeit feiern darf, und ich bin ermutigt zu sehen, dass es möglich ist, einander so lange Jahre die Treue zu halten. Ich trauere auch mit jenen, deren Ehe durch Untreue zerstört wurde, was zu viele heute erleiden müssen.

Aber das Vermeiden von Ehebruch ist eine rein äußere Vermeidung von Sünde. Ein anderes Übel hat sich im Zeitalter des Internet wie ein Krebs in der Gesellschaft verbreitet: Die Internet-Pornographie. Auch wenn es hier nicht zu einem aktiven Ehebruch kommt, werden die Ehepartner

dennoch einander entfremdet. Der Ehebruch findet „virtuell" im Kopf statt. Diese
Scheinwelten fördern Unzufriedenheit,
wecken fehlgeleitete Begierden und sind
dem Partner gegenüber ebenso tief ver-
letzend wie ein realer Ehebruch. Kennst du
das auch? Wer kennt es nicht – aber wie
gehen wir damit um?

Nun gab es das damals, zur Zeit des Herrn
Jesus, noch nicht in dieser Form. Was
meinte Er? Etwas scheinbar viel harm-
loseres: Eine fremde Frau einfach nur
begehrlich anblicken. Ihr nachschauen, ein
bisschen träumen, ihr vielleicht nachpfeifen,
eine anzügliche Bemerkung machen. Hier
sieht der Herr Jesus bereits die Wurzel des
Ehebruchs. Nein, es wurde noch kein
Ehebruch begangen – rein äußerlich wurde
das Gebot noch nicht gebrochen. Der Herr
weist aber auf etwas anderes hin: Der
Ehebruch kommt aus unserem Herzen;
diese Sünde steckt tief in uns drin und ist
offenbar Teil unserer Natur!

Man kann diese Natur unterdrücken, dis-
ziplinieren; aber sie wird in der einen oder
anderen Form immer wieder an die Ober-
fläche dringen, uns locken und zur bösen

Tat schreiten lassen. Jakobus, der Bruder des Herrn, ist auch hier sehr hilfreich, um dies zu verstehen: *„Niemand sage, wenn er versucht wird: Ich werde von Gott versucht. Denn Gott kann nicht versucht werden zum Bösen, und er selbst versucht auch niemand; sondern jeder einzelne wird versucht, wenn er von seiner eigenen Begierde gereizt und gelockt wird. Danach, wenn die Begierde empfangen hat, gebiert sie die Sünde; die Sünde aber, wenn sie vollendet ist, gebiert den Tod."* (Jak 1,13-15) Sehr anschaulich beschreibt er den Prozess vom gedanklichen Spielen mit der Sünde bis zur Ausführung mit ihrer letzten Konsequenz: *„Und so gewiss es den Menschen bestimmt ist, einmal zu sterben, danach aber das Gericht"*, heißt es an anderer Stelle (Heb 9,27), um zu unterstreichen, dass wir uns für all unser Tun vor unserem Schöpfer verantworten werden müssen.

Die Welt, in der wir leben, spielt ganz bewusst mit dieser Sünde, mit den Reizen, die über die Augen die Begierden wecken sollen. Die Werbung lebt davon, dass durch sexuelle Anspielungen, Emotionen geweckt werden, die zum Kauf anregen sollen. Die Mode ist ganz gezielt und bewusst so gestaltet, dass sexuelle Aufmerksamkeit damit erregt wird – mit dem Effekt, dass die Trägerin sich damit zu einem Objekt fremder Begierden degradieren lässt. Die wenigsten Frauen wollen das, aber sie lassen sich durch dieses falsche Schönheitsideal blenden und tragen dazu bei, dass Männer zum Ehebruch in Gedanken oder in der Tat verführt werden. Es überrascht daher nicht, dass auch im Neuen Testament Richtlinien gegeben werden, welcher Kleidungsstil zu meiden ist: *„Ebenso will ich auch, dass sich die Frauen in ehrbarem Anstand mit Schamhaftigkeit und Zucht schmücken, nicht mit Haarflechten oder Gold oder Perlen oder aufwendiger Kleidung, sondern durch gute Werke, wie es sich für Frauen geziemt, die sich zur Gottesfurcht bekennen."* (1.Tim 2,9-10)

Das klingt vielleicht ein wenig nach Bevormundung, oder? Aber werden wir nicht auch durch die Modeindustrie bevormundet, die durch subversive Werbung über uns bestimmt und uns vorschreibt was „schön" ist? Was ist an Anstand, Ehrbarkeit, Schamhaftigkeit und Zucht (Ordentlichkeit) auszusetzen? Niemand will doch als unanständig, ehrlos, schamlos oder unzüchtig gelten. Genau diese negativen Eigenschaften haben aber direkt mit der Anstachelung sexueller Begierden zu tun, die in ihrem Wesen selbstsüchtig sind.

Die Bildungspolitik hat ebenso nichts Dümmeres zu tun, als bereits Volksschulkindern den Floh ins Ohr zu setzen, möglichst früh möglichst viele sexuelle Erfahrungen zu sammeln. Darum explodieren die Teenagerschwangerschaften und auch die Abtreibungsraten.

Das Problem, um das ganz kurz zu sagen, sind die Begierden in uns, die sich so leicht wecken lassen. Das äußere Halten der Gebote ist einfach – wer aber ist Herr über sein Herz und seine Triebe?

„Wiederum habt ihr gehört, dass zu den Alten gesagt ist: »Du sollst nicht falsch schwören; du sollst aber dem Herrn deine Schwüre halten«. Ich aber sage euch, dass ihr überhaupt nicht schwören sollt, weder bei dem Himmel, denn er ist Gottes Thron, noch bei der Erde, denn sie ist der Schemel seiner Füße, noch bei Jerusalem, denn sie ist die Stadt des großen Königs. Auch bei deinem Haupt sollst du nicht schwören, denn du kannst kein einziges Haar weiß oder schwarz machen. Es sei aber eure Rede:

Ja, ja! Nein, nein! Was darüber ist, das ist vom Bösen." (Mat 5,33-37)

Wahrhaftigkeit gilt als eine Tugend. Niemand wird gerne belogen, das gilt als Vertrauensbruch und zerstört Beziehungen. Dennoch lügen Menschen gewohnheitsmäßig, und nichts bekräftigt das mehr als die Unsitte des Schwörens. Wenn ich einen Eid gebrauchen muss, um die Wahrheit meiner Aussage zu bekräftigen, sage ich da nicht gleichzeitig, dass es „Glückssache" ist, ob das, was ich sonst sage, wahr ist?

Genau darum geht es dem Herrn in erster Linie: Jeder Eid bestätigt, dass wir Lügner sind. Wer, wie es sein soll, zu seinem Wort ohne Wenn und Aber steht, sei es ein Ja oder Nein, der braucht keine Eide. Solche Menschen sollen Christen sein! Menschen, die absolut wahrhaftig sind, weil dieser Charakterzug eine Wesenseigenschaft Gottes widerspiegelt: *„Gott ist nicht ein Mensch, dass er lüge, noch ein Menschenkind, dass ihn etwas gereuen würde. Was er gesagt hat, sollte er es nicht tun? Was er geredet hat, sollte er es nicht ausführen?"* (4.Mose 23,19)

Wir sollen ja Nachahmer Gottes werden, als Seine geliebten Kinder (Eph 5,1). Über Jesus

Christus heißt es: *„Denn so viele Verheißungen Gottes es gibt – in ihm (Jesus) ist das Ja, und in ihm auch das Amen, Gott zum Lob durch uns!"* (2.Kor 1,20) Der Herr Jesus ist gewissermaßen der Garant und Bürge aller Zusagen Gottes. Das ist Sein Wesen: *„Ich bin die Wahrheit"*, sagt der Herr (Joh 14,6). Das gilt ebenso wie *„Gott ist Liebe"* (1. Joh 4,8). Wahrheit und Liebe sind auch keine Gegensätze, sie können gar nicht ohne einander bestehen. Denn wer lügt, liebt nicht. Es wäre eine falsche Liebe, unangenehme Wahrheiten zu leugnen. Selbst wer einem todkranken Menschen verschweigt, wie es wirklich um ihn steht, handelt lieblos, denn er nimmt ihm die Chance, sich auf den eigenen Tod innerlich vorzubereiten. *„Die Liebe freut sich an der Wahrheit"*, heißt es weiter (1.Kor 13,6). Wer liebt, wird die Wahrheit dementsprechend auch liebevoll vermitteln. Wer liebt und sich geliebt weiß, wird die Wahrheit auch in Liebe annehmen.

Das Gegenteil dessen ist vom Teufel, macht der Herr ganz deutlich: *„ Ihr habt den Teufel zum Vater, und was euer Vater begehrt, wollt ihr tun! Der war ein Menschenmörder von Anfang an und steht nicht in der Wahrheit, denn Wahrheit ist nicht in ihm. Wenn er die*

Lüge redet, so redet er aus seinem Eigenen, denn er ist ein Lügner und der Vater derselben." (Joh 8,44) Darum sagt der Herr auch, dass alles, was über ein einfaches und verbindliches Ja oder Nein hinausgeht, „vom Bösen" (= vom Teufel) sei. Warum? Weil jeder Eid und jeder Schwur im Umkehrschluss die Lüge toleriert, rechtfertigt und sogar dazu ermuntert. Übrigens: Dieser knallharte Vorwurf, dass wir Kinder des Teufels sind, kommt von den Lippen dessen, der uns so sehr liebte, dass Er für uns ans Kreuz ging. Er sagte diese Wahrheit in aufrichtiger Liebe – auch wenn sie uns weh tut.

Nachdenklich sollte uns jenes Zitat aus einem Zeitungsartikel zum Thema machen: *„Ganz ehrlich: Wie oft waren Sie heute unehrlich? Haben geschwindelt, gemogelt, geschummelt, geflunkert? Kein einziges Mal? Das wäre dann allerdings ganz eindeutig eine Lüge, rein wissenschaftlich betrachtet. Manche Psychologen und Kommunikationsforscher behaupten nämlich, wir würden um die 200 Mal am Tag lügen; geht man davon aus, dass wir 16 Stunden täglich wach sind, würde das bedeuten, dass wir 12,5 Mal pro Stunde die Wahrheit verdrehen. Über diese Zahl wird viel gestritten:*

Völlig übertrieben, sagen nämlich andere Psychologen und Kommunikationsforscher. Korrekt sei vielmehr, dass wir alle etwa zweimal in einem zehnminütigen Gespräch die Unwahrheit sagen." („Warum wir ohne die Lügen verloren wären" – Welt am Sonntag vom 28. August 2007)

Wer kann sich da ausnehmen? Woher kommt das? Wie auch beim Ehebruch ist das Problem unser Herz. In der Regel ist es wohl Angst, die uns lügen lässt. Wer sich aber von Gott geliebt und angenommen weiß, hat keinen Grund mehr zur Angst – und somit keinen Grund mehr zu lügen. Das muss man erst einmal begreifen und verinnerlichen, und es hat auch mit der neuen Geburt zu tun, durch die uns *„der Geist der Wahrheit"* (Joh 14,17) geschenkt wird. Darum sollen Christen sich durch ihre Wahrhaftigkeit deutlich von der Welt unterscheiden.

Der Herr Jesus nennt noch andere Gründe, aus denen wir nicht schwören sollen. Einerseits schwört man immer bei oder auf etwas – solch dummes und teils gotteslästerliches Reden verurteilt sich von selbst, wie Er deutlich macht. Besonders widersinnig wird es, wenn man von jemanden verlangt, einen Eid auf die Bibel zu schwören, wo doch in der Bibel solches Schwören klar verboten ist.

Nachdenklich kann uns die Aussage machen, wir könnten kein Haar an uns weiß oder schwarz machen. Was meint Er damit? Ich verstehe Ihn hier so: Wir haben keine Macht über die kleinsten Dinge an uns – wie sollen wir dann mit solcher Festigkeit behaupten, dass wir unsere Zusagen halten werden? Wir können erkranken und am Einhalten des Schwurs gehindert werden. Wir könnten die Zusage schlicht und einfach vergessen. Widrige Umstände könnten die Erfüllung unseres Versprechens unmöglich machen.

Wenn ein Ja uns schon so ernst sein soll wie ein Eid, so gilt dieses Dilemma natürlich auch für ein einfaches Ja. Darum ergänze ich wiederum, was Jakobus hier zu sagen hat: *„Wohlan nun, die ihr sagt: Heute oder morgen wollen wir in die und die Stadt reisen und dort ein Jahr zubringen, Handel treiben und Gewinn machen – und doch wisst ihr nicht, was morgen sein wird! Denn was ist euer Leben? Es ist doch nur ein Dunst, der eine kleine Zeit sichtbar ist; danach aber verschwindet er. Stattdessen solltet* *ihr sagen: Wenn der Herr will und wir leben, wollen wir dies oder das tun. Jetzt aber rühmt ihr euch in eurem Übermut! Jedes derartige Rühmen ist böse."* (Jak 4,13-16)

Jedes Mal, wenn wir durch ein Ja oder Nein eine Aussage über unser zukünftiges Handeln machen, muss uns bewusst sein, dass wir die Zukunft nicht kennen. Unser Leben ist obendrein kurz und vergänglich. Jakobus warnt uns eindringlich vor dem Übermut solch hochtrabender Pläne und Zusagen. Das ist weise, weshalb sich die Floskel *„So Gott will"* im christlichen Sprachgebrauch eingebürgert hat. Es geht aber um mehr als eine Floskel. Diese Worte sollen Ausdruck der Demut sein, die wiederum den Charakter des Herrn Jesus auszeichnet.

Was denkst du darüber? Welche Art von Menschen hättest du lieber zu Freunden: Ehrliche und verlässliche Menschen, die dabei demütig bleiben und die Wahrheit in Liebe sagen? Wahrheitsfanatiker, bei denen man den Eindruck hat, die Wahrheit sei primär das, was man den anderen vorhalten müsse? Offene Lügner und Flunkerer, bei denen man nie weiß, woran man ist?

Welches von diesen drei Lebensmodellen ist das schwierigste? Siehst du, und genau deshalb wählen die meisten Menschen den einfachen Weg der Lüge. Damit taugen sie aber nicht für das Reich Gottes.

„Ihr habt gehört, dass gesagt ist: Du sollst deinen Nächsten lieben und deinen Feind hassen. Ich aber sage euch: Liebt eure Feinde, segnet, die euch fluchen, tut wohl denen, die euch hassen, und bittet für die, welche euch beleidigen und verfolgen, damit ihr Söhne eures Vaters im Himmel seid." (Mat 5,43-55)

Weil das Reich Gottes ein Friedensreich ist, in dem die Schwerter zu Pflugscharen geschmiedet werden, lernen Christen den Krieg nicht mehr (vgl. Micha 4 und Jesaja 2). Das bedeutet, dass wir die Feindschaft verlernen müssen. Woher kommt das Gebot, dass wir die Feinde hassen sollen eigentlich? In den 10 Geboten lesen wir das nicht. Ein direktes Gebot, die Feinde zu hassen gibt es gar nicht! Wohl aber sieht man, dass im Alten Bund die Gläubigen ihre Feinde hassten. Eine der schärfsten Stellen dazu ist in den Psalmen: *„Ach, wollest du, o Gott, doch den Gottlosen töten! Und ihr Blutgierigen, weicht von mir! Denn sie reden arglistig gegen* *dich; deine Feinde erheben ihre Hand zur Lüge. Sollte ich nicht hassen, die dich, HERR, hassen, und keine Abscheu empfinden vor deinen Widersachern? Ich hasse sie mit vollkommenem Hass, sie sind mir zu Feinden geworden."* (Ps 139,19-22)

Das sind menschliche Regungen, die jeder kennt. Sie kommen aus einer Mischung von Verzweiflung, Wut, einem Gefühl für Gerechtigkeit (oft mit einem Schuss Selbstgerechtigkeit), Angst und Ungeduld. Weil so viele Gläubige Menschen des Alten Testaments solche Empfindungen in der Bibel zum Ausdruck brachten, meinten viele, Feindeshass sei gut, wohlgefällig und gar geboten. Lesen wir aber weiter im Ps 139: *„Erforsche mich, o Gott, und erkenne mein Herz; prüfe mich und erkenne, wie ich es meine; und sieh, ob ich auf bösem Weg bin, und leite mich auf dem ewigen Weg!"* (Ps 139,23-24) Der König David, von dem diese Worte stammen, stellt seinen Hass hier in Frage. Er ist sich nicht sicher, ob das ein guter Weg ist und bittet Gott um Klarheit.

David war ein Kriegsmann. Er hat viele Schlachten geschlagen, auch selbst getötet. Als er Gott, dem Herrn, in Jerusalem einen Tempel bauen wollte, sagte Gott zu ihm:

„Du hast viel Blut vergossen und große Kriege geführt; du sollst meinem Namen kein Haus bauen, weil du so viel Blut vor mir auf die Erde vergossen hast! Siehe, ein Sohn wird dir geboren werden, der wird ein Mann der Ruhe sein; denn ich will ihm Ruhe geben vor allen seinen Feinden ringsumher, darum soll sein Name Salomo sein; und ich will Israel Frieden und Ruhe geben in seinen Tagen. Der soll meinem Namen ein Haus bauen." (1.Chr 22,8-10)

Salomo bedeutet Frieden (wie Schalom), und damit drückt Gott sein Missfallen an Krieg und Blutvergießen unmissverständlich aus. Salomo weist aber auf einen größeren Sohn hin: *„Und er soll mein Sohn sein, und ich will sein Vater sein und den Thron seines Königtums über Israel befestigen auf ewig!"* (1.Chr 22,10) Salomo ist gestorben, nach ihm gab es wieder Kriege. Das ewige Königtum Davids ist eine Prophezeiung auf Gottes Königreich, und der Sohn Davids, der zugleich Sohn Gottes ist, ist niemand anderer als Jesus Christus.

Jetzt gab es im Alten Testament Kriege, die zum Teil mit erschütternder Brutalität geführt wurden; manche davon auch auf Anordnung Gottes, wie bei der Eroberung des gelobten Landes. Darüber müsste man viel mehr schreiben, als hier möglich ist, aber der Fairness und Ehrlichkeit wegen muss auch das erwähnt werden. Kriege sind, vereinfacht gesagt, ein Merkmal dieser gefallenen Welt. Sie sind, wie wir bereits gesagt haben, Ausdruck der Selbstsucht, der Gier und des Hochmuts der Menschen.

Aufgrund dieses „Charakters" der Menschheit hat Gott die Völker gewissermaßen vereinzelt, indem Er ihre Sprachen verwirrte und sie über den Erdboden zerstreute, damit der Schaden, den sie anrichten in Grenzen gehalten wird. Einerseits, weil kleine Völker keine großen Kriege führen, andererseits weil es – so schrecklich es klingt – so zu einer Ausgewogenheit gegenseitiger Abschreckung kam. Jeder der den kalten Krieg miterlebt hat, weiß um dieses „Gleichgewicht des Schreckens". Das alles ist nicht gut, aber Teil dieser Menschheit.

Das Gute an der guten Botschaft des Reiches Gottes ist, dass Krieg kein Dauerzustand sein soll. Der wahre Salomo, Jesus Christus ist bereits gekommen, um Frieden zu verkünden und das Volk für Sein Königreich zu sammeln. Es ist wichtig zu verstehen,

dass die christliche Mission das Heraus-
rufen von Menschen aus allen Völkern,
Stämmen, Sprachen und Nationen bedeutet,
um diese im Reich Gottes als neues Volk
Gottes zu vereinen. Christen haben, was
ihren bisherigen Lebenswandel betrifft,
*„den alten Menschen ausgezogen … und den
neuen angezogen, der erneuert wird zur
Erkenntnis, nach dem Ebenbild dessen, der ihn
geschaffen hat; wo nicht Grieche noch Jude ist,
weder Beschneidung noch Unbeschnittenheit,
noch Barbar, Skythe, Knecht, Freier – sondern
alles und in allen Christus."* (Kol 3,9-11) Es
gibt in Christus keine Nationalitäten-
unterschiede mehr; somit sind auch alle
irdischen Feindschaften überwunden, die in
dieser Welt zu Verachtung, Rassismus oder
Krieg führen. *„Denn Er ist unser Friede, …
indem er in seinem Fleisch die Feindschaft …
hinwegtat, um die zwei in sich selbst zu einem
neuen Menschen zu schaffen und Frieden zu
stiften, und um die beiden in einem Leib mit Gott
zu versöhnen durch das Kreuz, nachdem er
durch dasselbe die Feindschaft getötet hatte. Und
er kam und verkündigte Frieden euch, den
Fernen, und den Nahen; denn durch ihn haben
wir beide den Zutritt zu dem Vater in einem
Geist."* (Eph 2,14-18). Darum lernen Christen den Krieg nicht mehr, weil sie nichts

mehr mit den Feindschaften dieser Welt zu tun haben.

Jetzt fragst du dich wahrscheinlich, warum Christen aller Jahrhunderte sich an Kriegen beteiligten, zu Kreuzzügen aufriefen und sogar Hitler bedingungslos folgten und seine Waffen segneten. Die Antwort ist einfach erschütternd: Sie haben diese Lehren geopfert, um die staatliche Anerkennung im römischen Reich zu bekommen. Bis ins vierte Jahrhundert hielten praktisch alle Christen an der Feindesliebe fest und lebten nach der Bergpredigt. Zum Teil auch noch darüber hinaus, aber es geriet zunehmend in Vergessenheit und die neue Normalität war, dass Staat und Kirche zu einem richtigen Monster verschmolzen.

Zur Illustration will dir hier eine von zahlreichen Berichten über die Gesinnung der frühen Kirche wiedergeben. Die meisten kennen Martin, den römischen Soldaten, der mit seinem Schwert seinen Mantel teilte, um einen Bettler damit zu bekleiden. Er war damals gerade in Taufvorbereitung und wurde bald darauf im Alter von achtzehn Jahren getauft. Wie ging das nun mit dem Militärdienst zusammen?

„Er entsagte jedoch dem Heeresdienst noch nicht sogleich, da er den Bitten seines Tribuns nachgab, mit dem er in vertrauter Kameradschaft zusammenlebte. Denn jener versprach, nach Ablauf der Dienstzeit als Tribun der Welt den Rücken zu kehren. Durch diese Zusage ließ sich Martinus bestimmen, noch ungefähr zwei Jahre lang nach seiner Taufe, freilich nur dem Namen nach, zu dienen.

Unterdessen waren Barbaren in Gallien eingebrochen. Kaiser Julian zog bei der Stadt der Vangionen (*Worms*) ein Heer zusammen und begann damit, Geldgeschenke unter die Soldaten zu verteilen. Dabei wurde nach der Gewohnheit jeder Soldat einzeln vorgerufen. So kam die Reihe auch an Martinus. Jetzt hielt dieser den Zeitpunkt für günstig, seine Entlassung zu erbitten. Er war nämlich der Ansicht, er habe keine freie Hand mehr, falls er das Geschenk in Empfang nehme, ohne weiter dienen zu wollen.

Deshalb sprach er zum Kaiser: 'Bis heute habe ich dir gedient; gestatte nun, dass ich jetzt Gott diene. Dein Geschenk mag in Empfang nehmen, wer in die Schlacht ziehen will. Ich bin ein Soldat Christi, es ist mir nicht erlaubt, zu kämpfen.'

Wutschnaubend ob dieser Rede gab der Tyrann zur Antwort, er wolle sich nur aus Angst vor der Schlacht, die für den anderen Tag zu erwarten *war, nicht um seines Glaubens willen dem Kriegsdienst entziehen.*

Doch Martinus blieb unerschrocken, ja der Versuch, ihn einzuschüchtern, machte ihn nur noch fester. So sprach er: 'Will man meinen Entschluss der Feigheit und nicht der Glaubenstreue zuschreiben, dann bin ich bereit, mich morgen ohne Waffen vor die Schlachtreihe zu stellen und im Namen des Herrn Jesus mit dem Zeichen des Kreuzes, ohne Schild und Helm, furchtlos die feindlichen Reihen zu durchbrechen.'

Man ließ ihn also in Gewahrsam halten, damit er sein Wort wahrmache und sich waffenlos den Barbaren entgegenstelle.

Am nächsten Tage schickten die Feinde Gesandte zu Friedensverhandlungen und ergaben sich mit Hab und Gut. Zweifellos war dieser Sieg dem heiligen Mann zu verdanken. Die Gnade verhütete, dass er sich wehrlos zum Kampf stellen musste. Gott hätte in seiner Güte seinen Streiter freilich auch inmitten der feindlichen Schwerter und Geschosse unversehrt erhalten können. Aber um das Auge des Heiligen auch nicht durch den Tod anderer zu verletzen, ließ Gott es nicht zum Kampf kommen.

Wenn die Feinde sich ohne Blutvergießen unter-warfen und so kein Menschenleben verloren-ging, so hatte Christus es nicht notwendig, für seinen Streiter einen anderen Sieg zu wirken."[1]

An das Teilen des Mantels erinnert man sich gerne, seine Kriegsdienstverweigerung geriet in Vergessenheit und gilt vielen heute wohl als zu „extrem". Nicht alle überlebten diese „heilige Entschlossenheit"; nicht wenige der Märtyrer der frühen Kirche waren Soldaten, die der Feindesliebe wegen den Dienst mit der Waffe verweigerten.

Nun ist es eine Sache, den Feindeshass zu verweigern, und eine andere, die Feinde zu lieben. Der Herr Jesus gibt uns zwei beeindruckende Beispiele dafür. Folgende Szene spielte sich im Garten Gethsemane ab, als Er gefangengenommen wurde: *„Als nun seine Begleiter sahen, was da geschehen sollte, sprachen sie zu ihm: Herr, sollen wir mit dem Schwert dreinschlagen? Und einer von ihnen schlug den Knecht des Hohenpriesters und hieb ihm sein rechtes Ohr ab. Da antwortete*

---

[1] Gerhards: 3. Kriegsdienstverweigerer, S. 38. Digitale Bibliothek Sonderband: Handbibliothek Christlicher Friedenstheologie, S. 112-114 (vgl. 01-Gerhards, S. 29)

Jesus und sprach: *Lasst ab davon! Und er rührte sein Ohr an und heilte ihn."* (Luk 22,49) Als sie Ihn dann kreuzigten, betete Er für Seine Henker: *„Vater, vergib ihnen, denn sie wissen nicht, was sie tun!"* (Luk 23,34)

Der Herr Jesus tat also selbst, was Er von uns erwartet: *„Tut wohl denen, die euch hassen, und bittet für die, welche euch beleidigen und verfolgen."* (Mat 5,44) Seine Nachfolger sollten es Ihm gleichtun, wie es Stephanus tat, der vom christusfeindlichen Mob gesteinigt wurde: *„Und er kniete nieder und rief mit lauter Stimme: Herr, rechne ihnen diese Sünde nicht an! Und nachdem er das gesagt hatte, entschlief er."* (Apg 7,60)

Paulus, der selbst ein Christenverfolger war ehe der Herr Jesus ihm erschien, lehrt dasselbe: *„Vergeltet niemand Böses mit Bösem! Seid auf das bedacht, was in den Augen aller Menschen gut ist. Ist es möglich, soviel an euch liegt, so haltet mit allen Menschen Frieden. Rächt euch nicht selbst, Geliebte, sondern gebt Raum dem Zorn Gottes; denn es steht geschrieben: »Mein ist die Rache; ich will vergelten, spricht der Herr«. »Wenn nun dein Feind Hunger hat, so gib ihm zu essen; wenn er Durst hat, dann gib ihm zu trinken! Wenn du das tust, wirst du feurige Kohlen auf sein Haupt*

sammeln.« *Lass dich nicht vom Bösen überwinden, sondern überwinde das Böse durch das
Gute!"* (Röm 12,17-21)

Feindesliebe ist praktisch und sucht das
Beste dessen, der mir schaden will. Sie ist,
nüchtern betrachtet, die einzige Chance,
den Kreislauf von Gewalt und Gegengewalt
zu durchbrechen. Wenn die Chance auch
noch so klein scheint, so ist selbst ein ge-
scheiterter Versuch dennoch besser, als
selbst an der Eskalation beteiligt und
mitschuldig zu werden. Denn das Vorbild
bleibt bestehen und ist ansteckend.

Vom Feindeshass zur Feindesliebe – das
kann das eigene Leben kosten und geht
gegen sämtliche natürliche Reflexe, die auf
das eigene Überleben abzielen. Christen
sind nicht dazu berufen, in dieser Welt alles
zu überleben. Im Gegenteil. Der größte Test
wahren Glaubens ist diese Bereitschaft, um
Jesu Willen zu leiden und zu sterben, wie
das bereits in den Seligpreisungen zwei Mal
gesagt wird.

Diese drei Beispiele der Bergpredigt
(Ehebruch, Eide, Feindesliebe) illustrieren
gut, worum es dem Herrn Jesus geht: Wir
müssen neue Menschen werden, deren

Einstellung zum Leben geprägt ist von der Wirklichkeit des Reiches Gottes und dem Vorbild Jesu Christi. Dazu müssen sie selbst neue Menschen werden durch die geistliche Geburt.

Völlig falsch wäre es, die Bergpredigt zur Handlungsmaxime in der gefallenen Welt zu wählen, denn dazu sind die Menschen nicht in der Lage. Christen aber sollen durch ihr Anderssein den in der Sünde und der Gewalt verstrickten Menschen zeigen, dass es einen Ausweg daraus gibt: *„ Ihr seid das Licht der Welt. Es kann eine Stadt, die auf einem Berg liegt, nicht verborgen bleiben. Man zündet auch nicht ein Licht an und setzt es unter den Scheffel, sondern auf den Leuchter; so leuchtet es allen, die im Haus sind. So soll euer Licht leuchten vor den Leuten, dass sie eure guten Werke sehen und euren Vater im Himmel preisen."* (Mat 5,14-16) Eine Stadt auf dem Berg ist ein Zufluchtsort, Licht gibt Orientierung.

Darum ist es dem Herrn absolut ernst, wenn Er sagt: *„Geht ein durch die enge Pforte! Denn die Pforte ist weit und der Weg ist breit, der ins Verderben führt; und viele sind es, die da hineingehen. Denn die Pforte ist eng und der*

Weg ist schmal, der zum Leben führt; und wenige sind es, die ihn finden." (Mat 7,13-14)

Die Bergpredigt ist die größte Herausforderung, die je an Menschen gerichtet wurde. Dagegen ist der Stratosphärensprung von Felix Baumgartner weder mutig, noch sinnvoll, geschweige denn spektakulär. Bist du bereit dazu? Es sind nicht viele, die diesen Weg gehen, aber es gibt keinen anderen Weg zum ewigen Leben als diesen Weg des Friedens.

LEBEN MIT GOTT

Was das Reich Gottes von allen irdischen Königreichen unter anderem unterscheidet, ist die unmittelbare Zugänglichkeit des Herrschers. Einerseits kam Er uns im Sohn Gottes zum Greifen nah, wie Johannes schreibt: *„Was von Anfang war, was wir gehört haben, was wir mit unseren Augen gesehen haben, was wir angeschaut und was unsere Hände betastet haben vom Wort des Lebens – und das Leben ist erschienen, und wir haben gesehen und bezeugen und verkündigen euch das ewige Leben, das bei dem Vater war und uns erschienen ist –, was wir gesehen und gehört haben, das verkündigen wir euch, damit auch ihr Gemeinschaft mit uns habt; und unsere Gemeinschaft ist mit dem Vater und mit seinem Sohn Jesus Christus. Und dies schreiben wir euch, damit eure Freude vollkommen sei.“* (1.Joh 1,1-4)

Gott ist zugänglich, Er selbst wird unser Vorbild, das wir nachahmen können. Ein Teil dieses Vorbilds besteht nun darin, dass Jesus als Mensch ein Leben in Beziehung mit Seinem himmlischen Vater lebte. Vor allem zeigte sich das darin, dass Er sich

immer wieder von den Menschen zurück-
zog, um alleine mit Gott zu sein, zu beten,
nachzudenken, Seinen Willen zu suchen
und Kraft zu schöpfen für Seinen Dienst.
Die Art und Weise, wie Er diese Gottesbeziehung lebte, beeindruckte Seine Jünger:

*„Und es begab sich, dass er an einem Ort im
Gebet war; und als er aufhörte, sprach einer
seiner Jünger zu ihm: Herr, lehre uns beten, wie
auch Johannes seine Jünger lehrte! Da sprach er
zu ihnen: Wenn ihr betet, so sprecht: Unser
Vater, der du bist im Himmel, geheiligt werde
dein Name! Dein Reich komme! Dein Wille
geschehe wie im Himmel, so auch auf Erden. Gib
uns täglich unser nötiges Brot! Und vergib uns
unsere Sünden, denn auch wir vergeben jedem,
der uns etwas schuldig ist! Und führe uns nicht
in Versuchung, sondern erlöse uns von dem
Bösen!"* (Luk 11,1-4) Das „Vater Unser" ist
gewissermaßen *das* Gebet der Christen. Man
mag die Schlichtheit desselben bewundern,
die gleichzeitige Tiefe der Gedanken zu
erfassen suchen, doch das Erstaunlichste an
diesem Gebet ist die Anrede: *„Unser Vater".*

Christus vermittelt uns in dieselbe Vater-
Kind Beziehung zu Gott, die Er von Natur
aus hat als Sohn Gottes. Paulus schreibt:

„Denn ihr habt nicht einen Geist der Knecht-schaft empfangen, dass ihr euch wiederum fürchten müsstet, sondern ihr habt den Geist der Sohnschaft empfangen, in dem wir rufen: Abba, Vater!" (Röm 8,15) und noch einmal: *„Als aber die Zeit erfüllt war, sandte Gott seinen Sohn, geboren von einer Frau und unter das Gesetz getan, damit er die, welche unter dem Gesetz waren, loskaufte, damit wir die Sohn-schaft empfingen. Weil ihr nun Söhne seid, hat Gott den Geist seines Sohnes in eure Herzen gesandt, der ruft: Abba, Vater! So bist du also nicht mehr Knecht, sondern Sohn; wenn aber Sohn, dann auch Erbe Gottes durch Christus."* (Gal 4,4-7)

„Weil ihr *nun* Söhne bzw. Kinder Gottes seid", unterstreicht, dass wir das von Natur aus nicht sind. Von Natur aus sind wir unfreie Knechte. Wem gegenüber? Der Herr Jesus sagte: *„Wahrlich, wahrlich, ich sage euch: Jeder, der die Sünde tut, ist ein Knecht der Sünde."* (Joh 8,34) Aber um das zu ändern, ist der Herr Jesus gekommen: *„Wenn euch nun der Sohn frei machen wird, so seid ihr wirklich frei."* (Joh 8,35) Darum heißt es im Kolosserbrief: *„Er hat uns errettet aus der Herrschaft der Finsternis und hat uns versetzt in das Reich des Sohnes seiner Liebe, in dem wir*

die Erlösung haben durch sein Blut, die Vergebung der Sünden." (Kol 1,13-14)

Um also Kinder Gottes zu werden, müssen
wir einerseits neu geboren werden durch
den Geist Gottes; zugleich aber müssen wir
aus der Knechtschaft und Gebundenheit der
Sünde und der Finsternis erlöst werden. Erlösung bedeutet wörtlich das Loskaufen
eines Sklaven um ein Lösegeld. Der Herr
Jesus sagte daher über Seine Mission in der
Welt: *„Der Sohn des Menschen ist nicht
gekommen, um sich dienen zu lassen, sondern
um zu dienen und sein Leben zu geben als
Lösegeld für viele."* (Mat 20,28)

Wir können uns aus dieser Knechtschaft
nicht befreien – wahrscheinlich ist uns beim
Lesen der Bergpredigt aufgefallen, dass die
Ansprüche für uns Menschen unmöglich zu
erfüllen sind. Der Grund dafür ist unsere
Gebundenheit in der Sünde. Aber auch die
Macht dessen, der uns durch die Sünde und
den Tod in Schach hält: *„Da nun die Kinder
an Fleisch und Blut Anteil haben, ist er
gleichermaßen dessen teilhaftig geworden, damit
er durch den Tod den außer Wirksamkeit setzte,
der die Macht des Todes hatte, nämlich den
Teufel, und alle diejenigen befreite, die durch*

Todesfurcht ihr ganzes Leben hindurch in Knechtschaft gehalten wurden." (Heb 2,14-15)

Wenn wir einen Blick von uns selbst weg auf die Welt werfen, in der wir leben, bestätigt es sich doch, dass da überall „der Wurm drinnen ist". Ist da irgendein Problem, das die Menschen lösen anstatt zu verschlimmern? Warum setzen sich überall die Gier, die Korruption und die rohe Gewalt durch? Warum sind die Menschen so erfinderisch in Grausamkeiten? All das sind Symptome dieser Versklavung an die Finsternis – und wir sind mittendrin. Zum einen als Opfer, die darunter leiden; zum anderen als Mittäter, die in diese Systeme verstrickt sind. Wie wichtig ist es, daraus errettet zu werden! *„Als sie aber das hörten, drang es ihnen durchs Herz, und sie sprachen zu Petrus und den übrigen Aposteln: Was sollen wir tun, ihr Männer und Brüder? Da sprach Petrus zu ihnen: Tut Buße, und jeder von euch lasse sich taufen auf den Namen Jesu Christi zur Vergebung der Sünden; so werdet ihr die Gabe des Heiligen Geistes empfangen. Denn euch gilt die Verheißung und euren Kindern und allen, die ferne sind, so viele der Herr, unser Gott, herzurufen wird. Und noch mit vielen anderen Worten gab er Zeugnis und ermahnte und* *sprach: Lasst euch retten aus diesem verkehrten Geschlecht! Diejenigen, die nun bereitwillig sein Wort annahmen, ließen sich taufen, und es wurden an jenem Tag etwa 3.000 Seelen hinzugetan."* (Apg 2,37-41)

Die unmittelbare Folge dieser Errettung ist unter anderem das Gebet: *„Und sie blieben beständig in der Lehre der Apostel und in der Gemeinschaft und im Brotbrechen und in den Gebeten."* (Apg 2,42) Die Christen haben ab dem Zeitpunkt ihrer neuen Geburt eine neue Beziehung zu ihrem Schöpfer. Sie dürfen Ihn Vater nennen, denn sie sind nun Seine Kinder geworden. Die Kindschaft ist ein Vorrecht, ein Privileg, dessen Wert nicht zu ermessen ist ist: *„Allen aber, die ihn aufnahmen, denen gab er das Anrecht, Kinder Gottes zu werden, denen, die an seinen Namen glauben; die nicht aus dem Blut, noch aus dem Willen des Fleisches, noch aus dem Willen des Mannes, sondern aus Gott geboren sind."* (Joh 1,12-13)

Niemand kann sich selbst aus dieser Knechtschaft retten, auch durch das beste und rechtschaffenste Leben nicht. *„Denn der Herr hat Jakob losgekauft und ihn aus der Hand dessen erlöst, der mächtiger war als er."* (Jer 31,11) Darum ist der Herr Jesus nicht nur unser König, sondern auch unser Retter und Befreier!

Kind Gottes zu sein bedeutet nicht, über den Dingen zu schweben. Wir stehen ja immer noch mit beiden Beinen auf dem Erdboden. Wir haben aber denselben persönlichen und unmittelbaren Zugang zu unserem himmlischen Vater wie unser Herr Jesus, der nun gewissermaßen der *„Erstgeborene unter vielen Brüdern"* ist, weshalb wir Ihm gleichförmig werden sollen (Röm 8,29). Dazu ist es nötig, Ihm nachzufolgen und zu gehorchen, indem wir beten wie Er betete, dienen, wie Er diente, leben wie Er lebte, bereit sind zu leiden, wie Er litt – indem wir Ihn nachahmen. Warum? Weil das Reich Gottes nur von solchen Menschen bevölkert werden wird, die dies auch wollen, die dem Charakter und Wesen dieses Reiches entsprechen, wie es sich in Jesus Christus manifestierte.

Wie betete der Herr Jesus? Was legt Er uns ans Herz?

„Und am Morgen, als es noch sehr dunkel war, stand er auf, ging hinaus an einen einsamen Ort und betete dort." (Mk 1,35) Er begann den Tag mit Gebet. Dazu stand Er sehr früh auf,

und um allein und ungestört zu sein, zog er sich dazu von den Menschen zurück. Seinen Jüngern empfiehlt Er: *„Du aber, wenn du betest, geh in dein Kämmerlein und schließe deine Türe zu und bete zu deinem Vater, der im Verborgenen ist; und dein Vater, der ins Verborgene sieht, wird es dir öffentlich vergelten."* (Mat 6,6)

Er wird noch praktischer, was die Gebetsunterweisung betrifft: *„Und wenn ihr betet, sollt ihr nicht plappern wie die Heiden; denn sie meinen, sie werden erhört um ihrer vielen Worte willen. Darum sollt ihr ihnen nicht gleichen! Denn euer Vater weiß, was ihr benötigt, ehe ihr ihn bittet."* (Mat 6,7-8) Er lehrt uns hier, dass es nicht auf den „Wortschwall" ankommt; es geht Ihm immer um Aufrichtigkeit vor Gott. Gott kennt uns und weiß um unsere Umstände – genau das soll sich in unserem Gebet widerspiegeln: *„Deshalb sollt ihr auf diese Weise beten: Unser Vater, der du bist im Himmel! Geheiligt werde dein Name. Dein Reich komme. Dein Wille geschehe, wie im Himmel, so auch auf Erden. Gib uns heute unser tägliches Brot. Und vergib uns unsere Schulden, wie auch wir vergeben unseren Schuldnern. Und führe uns nicht in Versuchung, sondern errette uns von dem Bösen. Denn dein ist das*

Reich und die Kraft und die Herrlichkeit in Ewigkeit! Amen." (Mat 6,9-13)

Erneut lehrt Er sie das „Vater Unser", welches tatsächlich selbst eine Gebetsschule ist. Folgende Aspekte daraus möchte ich kurz hervorheben:

„Unser Vater" – die Anrede Gottes im Plural zeigt uns, dass Gott nicht nur „mein persönlicher" Vater ist, sondern der Vater aller Christen. Wir sollen deshalb alle Christen im Blick haben und uns mit ihnen verbunden wissen.

„Geheiligt werde dein Name." – Gott zu heiligen ist noch mehr als „wertschätzen". Seine Heiligkeit ist unantastbar. Nie möge irgendetwas Abschätziges über Ihn aus unserem Mund kommen, nie mögen wir schweigen, wenn Sein Name in unserer Gegenwart entehrt wird. Er ist in jeder Hinsicht rein, vollkommen, schön, edel, vernünftig, herrlich, gewaltig, zart, lieblich, mächtig und wohlgefällig. Er ist die Perle, die man nicht vor die Schweine wirft (vgl. Mat 7,6). Jeder Gedanke an Ihn soll uns mit Ehrfurcht, Freude, Frieden, Achtsamkeit und würdigen Ernst erfüllen – das und noch

mehr sind Grundhaltungen in der Ver-
ehrung und Anbetung unseres großen
Gottes und Vaters, des Schöpfers von
Himmel und Erde. Verstehst du, was ich
meine? Kannst du es nachempfinden?

„Dein Reich komme" – Christen trachten
zuallererst nach dem Königreich Gottes
(Mat 6,33). Sie leiden unter den Zuständen
dieser Welt deshalb besonders, weil es
ihnen umso bewusster geworden ist, wie
abnormal, verkehrt und verdorben alles um
sie her ist. *„O Gott, wie lange darf der
Widersacher schmähen? Soll der Feind deinen
Namen immerfort lästern?"* (Ps 74,10) Die
Sehnsucht nach der Ankunft des Königreichs in Macht und Herrlichkeit, wenn
unser Herr Jesus mit den Wolken erscheinen wird, und alle Engel mit Ihm, ist
Ausdruck einer heiligen Ungeduld. Wir
eilen diesem Tag entgegen, schreibt Petrus,
und das bedeutet für uns: *„Wir erwarten aber
nach seiner Verheißung neue Himmel und eine
neue Erde, in denen Gerechtigkeit wohnt.
Darum, Geliebte, weil ihr dies erwartet, so seid
eifrig darum bemüht, dass ihr als unbefleckt und
tadellos vor ihm erfunden werdet in Frieden!"*
(2.Petr 3,13-14) Wieder begegnet uns hier
das Schlüsselwort „Frieden".

„Dein Wille geschehe, wie im Himmel, so auch auf Erden." – Das Königreich Gottes ist der Bereich, in dem Gottes Wille unwidersprochen erfüllt wird. Derzeit ist das nur im Himmel, in der Gegenwart der heiligen Engel der Fall, doch wir als Seine Kinder sollen uns heute bereits in den Gehorsam Seines Reiches einfügen. Der Bezug der irdischen Christengemeinschaft zur Himmelswelt ist sehr spannend: *„Damit jetzt den Fürstentümern und Gewalten in den himmlischen Regionen durch die Gemeinde die mannigfaltige Weisheit Gottes bekanntgemacht werde, nach dem Vorsatz der Ewigkeiten, den er gefasst hat in Christus Jesus, unserem Herrn."* (Eph 3,10-11) und: *„Ihr seid gekommen zu dem Berg Zion und zu der Stadt des lebendigen Gottes, dem himmlischen Jerusalem, und zu Zehntausenden von Engeln, zu der Festversammlung und zu der Gemeinde der Erstgeborenen, die im Himmel angeschrieben sind, und zu Gott, dem Richter über alle, und zu den Geistern der vollendeten Gerechten, und zu Jesus, dem Mittler des neuen Bundes."* (Heb 12,22-24) In diese himmlische Schar soll das irdische Volk Gottes sich einfügen, damit auch unter uns der Wille Gottes geschieht und sich so das Reich Gottes auf Erden

ausbreitet durch den „Glaubensgehorsam"
(Röm 1,5) der Menschen, die hinzukommen.

„Gib uns heute unser tägliches Brot." – Die
Bitte um die täglichen Bedürfnisse zeigt
einerseits unsere existenzielle Abhängigkeit
als Menschen von unserem Schöpfer. Das
Gegenstück zur Bitte ist dementsprechend
der Dank für die empfangene Speise, wie es
heißt: *„Denn alles, was Gott geschaffen hat, ist*
gut, und nichts ist verwerflich, wenn es mit
Danksagung empfangen wird; denn es wird
geheiligt durch Gottes Wort und Gebet." (1.Tim
4,4-5) Gleichzeitig ist diese Bitte ein
Bekenntnis zu einem einfachen und bescheidenen Leben, das der Habsucht und
Begierde abgesagt hat, jener Wurzel allen
Übels. Das soll unsere Haltung sein: *„Es ist*
allerdings die Gottesfurcht eine große
Bereicherung, wenn sie mit Genügsamkeit
verbunden wird. Denn wir haben nichts in die
Welt hineingebracht, und es ist klar, dass wir
auch nichts hinausbringen können. Wenn wir
aber Nahrung und Kleidung haben, soll uns das
genügen!" (1.Tim 6,6-8)

„Und vergib uns unsere Schulden, wie auch wir
vergeben unseren Schuldnern." – Diese Bitte
ist sowohl tröstlich als auch herausfordernd. Tröstlich deshalb, weil die Nachfolge

Jesu ein Lernprozess ist. Wir werden nicht von heute auf morgen so vollkommen wie Er. Wir machen Fehler, wir haben manchmal Rückfälle in unser altes Leben. Von manchen schlechten Gewohnheiten fällt es uns schwer, loszukommen. Manche Christen sind deshalb entmutigt worden, weil sie sich selbst die Latte unrealistisch hoch gelegt haben. Andere scheiterten, weil sie unehrlich mit ihren Fehlern umgehen. Doch das muss nicht sein: *„Wenn wir sagen, dass wir keine Sünde haben, so verführen wir uns selbst, und die Wahrheit ist nicht in uns. Wenn wir aber unsere Sünden bekennen, so ist er treu und gerecht, dass er uns die Sünden vergibt und uns reinigt von aller Ungerechtigkeit."* (1.Joh 1,8-9) Herausfordernd ist diese Gnade Gottes deshalb, weil sie an eine unverrückbare Bedingung geknüpft ist: *„Denn wenn ihr den Menschen ihre Verfehlungen vergebt, so wird euer himmlischer Vater euch auch vergeben. Wenn ihr aber den Menschen ihre Verfehlungen nicht vergebt, so wird euch euer Vater eure Verfehlungen auch nicht vergeben."* (Mat 6,14-15) Warum gibt Gott uns eine solche Bedingung? Einerseits, weil wir Nachahmer Gottes werden sollen. Gott ist so, dass Er gerne vergibt, also sollen auch wir das tun. Nachtragende und verbitterte Menschen haben keinen Platz im Reich Gottes, sie würden das Klima dort vergiften. Andererseits hilft es uns vielleicht, wenn es uns schwer fällt anderen zu vergeben, zu begreifen, wie schwerwiegend Sünde ist. In beiden Fällen lernen wir viel dazu und dieses Verhalten, auch wenn wir uns zuerst dazu zwingen müssen, wird uns mehr und mehr zu geduldigen, liebevollen und barmherzigen Menschen machen. Sind das angenehme Personen, mit denen man gerne zusammen ist? Warum fühlten sich gerade die Sünder in der Gegenwart des Herrn Jesus wohl, die Pharisäer aber nicht?

„Und führe uns nicht in Versuchung, sondern errette uns von dem Bösen." – Der Heilige Geist führte den Herrn Jesus nach Seiner Taufe in die Wüste, wo Er vom Teufel (dem Bösen) versucht wurde. Er bestand diese Versuchungen – hätten wir sie bestanden? Es liegt Weisheit in der Bitte, vor solchen Versuchungen verschont zu bleiben. Nur tollkühne Draufgänger würden Gott bitten: *„Herr prüfe meinen Glauben auf Herz und Nieren, lass mich Dir zeigen, wie viel ich ertragen kann!"* Das wäre vermessen und unsinnig. Der Teufel stellt uns ohnedies

nach in dieser Welt, die Welt bietet täglich genügend Anfechtungen für unseren Glauben, sodass wir nicht erst darum bitten müssen. Die Bewahrung vor den Versuchungen ist das, was wir von Natur aus auch bitten würden. Doch wenn es unvermeidbar ist, und es gibt solche Situationen, dann dürfen wir wieder Jakobus erstaunt zuhören, der uns schreibt: *„Meine Brüder, achtet es für lauter Freude, wenn ihr in mancherlei Anfechtungen geratet, da ihr ja wisst, dass die Bewährung eures Glaubens standhaftes Ausharren bewirkt. Das standhafte Ausharren aber soll ein vollkommenes Werk haben, damit ihr vollkommen und vollständig seid und es euch an nichts mangelt. ... Glückselig ist der Mann, der die Anfechtung erduldet; denn nachdem er sich bewährt hat, wird er die Krone des Lebens empfangen, welche der Herr denen verheißen hat, die ihn lieben."* (Jak 1,2-4+12)

Das Gebet, das der Herr Jesus Seine Jünger lehrte, ist also eine Gebets- und Lebensschule. Wir wissen durch dieses Gebet, welche Qualität der Glaube unseres Herrn Jesus hatte. Das „Vater Unser" ist ein einfaches Gebet; ein Kind kann es leicht auswendig lernen. Doch je mehr man darüber nachdenkt, desto reichhaltiger wird es. Ich weiß nicht, wie oft ich schon diese Bitten in ähnlicher Form kürzer oder länger kommentiert habe. Es kamen immer neue Gedanken dazu. Aufbauend auf diesen schlichten Worten, lernt man darüber hinaus auch in freien Worten zu beten, eigene Anliegen konkret vor Gott auszubreiten. Im Nachdenken darüber, wofür wir Gott bitten, lernen wir mehr und mehr, die Welt, unsere Nächsten und uns selbst mit Gottes Augen zu sehen. So gelangen wir dahin, nach Seinem Willen zu bitten, was Er auch gerne erhört: *„Und das ist die Freimütigkeit, die wir ihm gegenüber haben, dass er uns hört, wenn wir seinem Willen gemäß um etwas bitten. Und wenn wir wissen, dass er uns hört, um was wir auch bitten, so wissen wir, dass wir das Erbetene haben, das wir von ihm erbeten haben."* (1.Joh 5,14-15)

Das Gebet, zusammen mit dem Lesen und Verinnerlichen von Gottes Wort, ist das Fundament eines geistlichen Lebens wie der Herr Jesus es uns vorgemacht hat. Es ist ein Leben in der Gemeinschaft mit Gott, in der Kraft Gottes, unter der Bewahrung Gottes, im Segen Gottes, in der Freude und Zuversicht von geliebten Kindern Gottes. Und

– jetzt kommt wieder das Schlüsselwort: *„Sorgt euch um nichts; sondern in allem lasst durch Gebet und Flehen mit Danksagung eure Anliegen vor Gott kundwerden. Und der **Friede** Gottes, der allen Verstand übersteigt, wird eure Herzen und eure Gedanken bewahren in Christus Jesus!"* (Phil 4,6-7) Kennst du diesen Frieden? Er ist nur ein Gebet weit entfernt.

DIE BEGLAUBIGUNG JESU

Kein Religionsgründer der Welt legte so viel Wert darauf, seine Sendung zu beglaubigen, wie der Herr Jesus. Er kam nicht allein mit Worten, die man glauben oder verwerfen kann. Er fordert uns mit Seinen Taten richtiggehend heraus: *„Wenn ich nicht die Werke meines Vaters tue, so glaubt mir nicht!"* (Joh 10,37) Denn reden kann bald einer.

Lassen wir uns also darauf ein, Seine Werke zu beurteilen! Welcher Art sollen diese Werke sein? So, dass an ihnen erkannt werden kann, dass sie von Gott sind. Viele kennen den Herrn Jesus als einen Wundertäter, und diese Taten verwunderten Seine Zeitgenossen dermaßen, dass sie in Scharen kamen, um zu sehen, ob Er wirklich Kranke heilen, Dämonen austreiben oder gar Tote auferwecken kann.

In der Synagoge von Nazareth las Er aus dem Propheten Jesaja vor: *„Und es wurde ihm die Buchrolle des Propheten Jesaja gegeben; und als er die Buchrolle aufgerollt hatte, fand er die Stelle, wo geschrieben steht: »Der Geist des Herrn ist auf mir, weil er mich gesalbt hat, den Armen frohe Botschaft zu verkünden; er hat*

mich gesandt, zu heilen, die zerbrochenen Her-
zens sind, Gefangenen Befreiung zu verkünden
und den Blinden, dass sie wieder sehend werden,
Zerschlagene in Freiheit zu setzen, um zu ver-
kündigen das angenehme Jahr des Herrn.« Und
er rollte die Buchrolle zusammen und gab sie
dem Diener wieder und setzte sich, und aller
Augen in der Synagoge waren auf ihn
gerichtet." (Luk 4,17-20) Die Juden waren es
gewöhnt, dass man die Heilige Schrift liest
und dann auch auslegt. Der Herr aber setzte
sich nach der Lesung. Spannung. Was jetzt?
Hat Er nichts dazu zu sagen?

„Er aber fing an, ihnen zu sagen: Heute ist diese
Schrift erfüllt vor euren Ohren!" (Luk 4,21)
Was wäre unsere Reaktion darauf gewesen?
Er redete ja nur, und meinte die Schrift sei
„vor unseren Ohren" erfüllt – gibt es auch
etwas für unsere Augen? Aber vor ihren
Augen stand ein gewöhnlicher Mann, den
sie alle gut kannten, denn Er wuchs ja in
Nazareth auf: *„Und alle gaben ihm Zeugnis*
und wunderten sich über die Worte der Gnade,
die aus seinem Mund kamen, und sprachen: Ist
dieser nicht der Sohn Josephs?" (Luk 4,22)

Es gibt immer wieder einen Konflikt zwischen dem Wort, das wir glauben sollen,
und dem, was wir sehen. Meistens weigern

wir uns etwas zu glauben, ehe wir nicht den Beweis vor unseren Augen haben. Genau diese Skepsis herrschte nun in der Synagoge von Nazareth. *„Und er sprach zu ihnen: Gewiss werdet ihr mir dieses Sprichwort sagen: Arzt, heile dich selbst! Die großen Taten, von denen wir gehört haben, dass sie in Kapernaum geschahen, tue sie auch hier in deiner Vaterstadt!"* (Luk 4,23) Dem Herrn Jesus eilte bereits ein Ruf als Wundertäter voraus, aber da sie Ihn von Kindheit an kannten, konnten sie das nicht so recht glauben. Das ist eine natürliche Reaktion, aber wir sehen daraus, dass dieser „gesunde Menschenverstand" uns auch daran hindern kann, die Wahrheit anzunehmen.

Der Herr spricht das Problem direkt an: *„Er sprach aber: Wahrlich, ich sage euch: Kein Prophet ist anerkannt in seinem Vaterland."* (Luk 4,24) Dann aber weist Er sie auf etwas hin, das ihnen in den falschen Hals kommen musste: *„In Wahrheit aber sage ich euch: Es waren viele Witwen in den Tagen Elias in Israel, als der Himmel drei Jahre und sechs Monate lang verschlossen war, da eine große Hungersnot entstand im ganzen Land; und zu keiner von ihnen wurde Elia gesandt, sondern nur zu einer*

Witwe nach Zarpat bei Zidon. Und viele Aus-sätzige waren in Israel zur Zeit des Propheten Elisa; aber keiner von ihnen wurde gereinigt, sondern nur Naeman, der Syrer." (Luk 4,25-27)

Es gab eine Zeit, rund 800 Jahre vor dem Herrn Jesus, in der ein wundertätiger Prophet in Israel lebte: Elia. Dennoch tat dieser seine Wunder nicht in Israel, sondern bei einer Zidonierin und einem Syrer, bei Fremden! Jedes Volk, das sich auserwählt weiß, steht in der Gefahr hochmütig und fremdenfeindlich zu sein. Dieser Hinweis drückt aus, dass Gott in Seiner Liebe frei und dort zu helfen bereit ist, wo eine echte Not ist und gleichzeitig eine demütige Gesinnung. Es heißt auch: *„Gott widersteht den Hochmütigen; den Demütigen aber gibt er Gnade."* (1.Petr 5,5) Der Herr Jesus weist eine Haltung, die Zeichen *fordert*, kategorisch zurück. *„Und er seufzte in seinem Geist und sprach: Warum fordert dieses Geschlecht ein Zeichen? Wahrlich, ich sage euch: Es wird diesem Geschlecht kein Zeichen gegeben werden!"* (Mk 8,12) und wieder: *„Ein böses und ehebrecherisches Geschlecht begehrt ein Zeichen, aber es wird ihm kein Zeichen gegeben werden als nur das Zeichen des Propheten Jona! Und er verließ sie und ging davon."* (Mat 16,4)

Der Prophet Jona wurde zur heidnischen Stadt Ninive gesandt, um ihr Gottes Gericht zu predige. Die Stadt kehrte jedoch um und bereute, sodass Gott ihnen vergab. Jona war darüber zornig, statt dass er sich für Ninive freute! Wenn der Herr vom Zeichen des Jona spricht, meint Er unter anderem, dass die Nichtjuden viel eher Seine Botschaft annehmen würden als die Juden. Was ja dann auch der Fall war.

Die Reaktion der Zuhörer in der Synagoge von Nazareth war eine Bestätigung dessen, was der Herr ihnen indirekt sagte: *„Da wurden alle in der Synagoge voll Zorn, als sie dies hörten. Und sie standen auf und stießen ihn zur Stadt hinaus und führten ihn an den Rand des Berges, auf dem ihre Stadt gebaut war, um ihn hinabzustürzen. Er aber ging mitten durch sie hindurch und zog weiter."* (Luk 4,28-30)

Das ist doch alles recht seltsam. Einerseits sagt Er, man solle Seinen Worten aufgrund Seiner Werke glauben. Fordert jemand von Ihm jedoch diese Werke, dann verweigert Er sie. Er macht aber deutlich, dass es Ihm um die Gesinnung geht. Betrachten wir ein paar Beispiele:

Der Herr Jesus heilte den Knecht eines römischen Hauptmannes. Das ergab sich so: *„Als Jesus aber nach Kapernaum kam, trat ein Hauptmann zu ihm, bat ihn und sprach: Herr, mein Knecht liegt daheim gelähmt danieder und ist furchtbar geplagt! Und Jesus spricht zu ihm: Ich will kommen und ihn heilen! Der Hauptmann antwortete und sprach: Herr, ich bin nicht wert, dass du unter mein Dach kommst, sondern sprich nur ein Wort, so wird mein Knecht gesund werden! Denn auch ich bin ein Mensch, der unter Vorgesetzten steht, und habe Kriegsknechte unter mir; und wenn ich zu diesem sage: Geh hin!, so geht er; und zu einem anderen: Komm her!, so kommt er; und zu meinem Knecht: Tu das!, so tut er's.*

Als Jesus das hörte, verwunderte er sich und sprach zu denen, die nachfolgten: Wahrlich, ich sage euch: Einen so großen Glauben habe ich in Israel nicht gefunden!" (Mat 8,5-10) Wie würden wir die Gesinnung des Hauptmannes beschreiben? Er forderte nicht, er bat. Er war nicht skeptisch oder neugierig, er hatte eine tiefe persönliche Not. Er wollte den Herrn Jesus nicht testen, sondern glaubte an Seine Vollmacht. Er benutzte seinen gesunden Menschenverstand nicht gegen den Glauben, sondern leitete aus seiner eigenen

Lebenserfahrung die Logik des Glaubens an Jesus ab. Solch einen Glauben, solch eine Gesinnung sucht der Herr!

Die Werke Gottes sind kein Unterhaltungsprogramm für Skeptiker, sondern Ausdruck der barmherzigen Liebe des Schöpfers.

Ein anderes Beispiel: *„Es begab sich aber, als die Menge sich zu ihm drängte, um das Wort Gottes zu hören, dass er am See Genezareth stand; und er sah zwei Schiffe am Ufer liegen; die Fischer aber waren aus ihnen ausgestiegen und wuschen die Netze. Da stieg er in eines der Schiffe, das Simon gehörte, und bat ihn, ein wenig vom Land wegzufahren; und er setzte sich und lehrte die Volksmenge vom Schiff aus.*

Als er aber zu reden aufgehört hatte, sprach er zu Simon: Fahre hinaus auf die Tiefe, und lasst eure Netze zu einem Fang hinunter! Und Simon antwortete und sprach zu ihm: Meister, wir haben die ganze Nacht hindurch gearbeitet und nichts gefangen." (Luk 5,1-5) Simon Petrus war ein erfahrener Fischer. Er weiß, was Sinn macht und was vergeudete Zeit ist. Sie waren ohnedies müde von der Nacht und er reagierte absolut logisch und entsprechend dem gesunden Menschenverstand. Hätte er hier aufgehört zu reden, wäre die Geschichte nicht nur zu Ende, man hätte die Episode völlig vergessen. Doch Petrus machte keinen Punkt (wie ich beim Zitat oben), sondern einen Beistrich und setzte fort: *„aber auf dein Wort will ich das Netz auswerfen! Und als sie das getan hatten, fingen sie eine große Menge Fische; und ihr Netz begann zu reißen."* (Luk 5,5-6)

In diesem Fall war es so, dass der Herr Jesus von sich aus ein Wunder tun wollte. Dabei ging es Ihm nicht darum, jemanden gesund zu machen, der krank war, sondern ein Zeichen zu setzen, das einen Hinweis darauf geben sollte, wer Er war. Die Reaktion des Petrus ist wichtig: Wir brauchen nicht den Hausverstand ablegen, aber wir sollen anerkennen, dass im Herrn Jesus jemand vor uns steht, der mehr kann, als wir uns vorstellen können. Simon Petrus musste sich aber darauf einlassen. Er musste zuerst seine Vorbehalte überwinden und etwas für ihn Aussichtsloses tun, bevor er das Wunder erleben konnte. Doch er sah nicht nur ein Wunder. In diesem Machterweis Jesu erkannte er auch sich selbst: *„Als aber Simon Petrus das sah, fiel er zu den Knien Jesu nieder* *und sprach: Herr, gehe von mir hinweg, denn ich bin ein sündiger Mensch!"* (Luk 5,8)

Menschen ohne diese Bereitschaft ihre Unwürdigkeit (der römische Hauptmann) oder Sündhaftigkeit (Simon Petrus) einzugestehen, werden keine Wunder erleben.

Ein letztes Beispiel knüpft an die Situation in Nazareth an. Die Schriftstelle, die Er dort las, erwähnt die Heilung der Blinden. *„Und als er vorbeiging, sah er einen Menschen, der blind war von Geburt an. Und seine Jünger fragten ihn und sprachen: Rabbi, wer hat gesündigt, so dass dieser blind geboren ist, er oder seine Eltern? Jesus antwortete: Weder dieser hat gesündigt noch seine Eltern; sondern an ihm sollten die Werke Gottes offenbar werden!"* (Joh 9,1-3) Ausgangspunkt dieser Episode ist also eine quasi-theologische Frage Seiner Jünger. So einfach wäre die Welt, wenn Krankheit und Leid eine direkte Folge von Sünde wären. Dann könnte man sagen „selber schuld", das Mitleid hielte sich in Grenzen und man würde ungerührt vorübergehen. Bei einem Blindgeborenen ist es schwieriger. Er war ja von Geburt an blind, wie hätte da seine Sünde die Ursache sein können? Oder waren es die Sünden der

Eltern, die daran schuld sind – was kann dann der arme Blinde dafür?

Die Antwort des Herrn ist überraschend: Weder noch, sondern das Leid in der Welt ist dazu da, dass die Werke Gottes getan werden können (etwas erweitert ausgelegt). Noch breiter gefasst: Das Leid ist dazu da, damit du es im Namen der Liebe Gottes linderst. Gäbe es kein Leid, müssten die Menschen einander nicht helfen und würden nie lernen zu lieben. Zugegeben, diese Auslegung fasst die Antwort des Herrn sehr breit auf. Ich werde aber später zeigen, warum ich das getan habe.

Die Hilfe des Herrn bestand nun darin, den Blinden zu heilen. Das sorgte für Erstaunen, Verwunderung und Irritation. *„Die Nachbarn nun, und die ihn zuvor als Blinden gesehen hatten, sprachen: Ist das nicht der, welcher dasaß und bettelte? Etliche sagten: Er ist's! – andere aber: Er sieht ihm ähnlich! Er selbst sagte: Ich bin's! Da sprachen sie zu ihm: Wie sind deine Augen geöffnet worden? Er antwortete und sprach: Ein Mensch, der Jesus heißt, machte einen Brei und bestrich meine Augen und sprach zu mir: Geh hin zum Teich Siloah und wasche dich! Als ich aber hinging und mich wusch, wurde ich sehend. Da sprachen sie zu ihm: Wo* *ist er? Er antwortete: Ich weiß es nicht!"* (Joh 9,8-12) Es ist irgendwie seltsam, dass nicht einmal der Geheilte so richtig wusste, wer ihn sehend machte. Wir sehen aber, dass er immerhin bereit war zu tun, was der Herr ihm auftrug. Sein Anteil an seiner Heilung war also durchaus notwendig, damit sie zustande kommt.

Die Sache war so seltsam, dass sie untersucht werden musste. Die Pharisäer nahmen sich in ihrer kritisch-religiösen Art des Falles an: *„Da führten sie ihn, der einst blind gewesen war, zu den Pharisäern. Es war aber Sabbat, als Jesus den Teig machte und ihm die Augen öffnete. Nun fragten ihn auch die Pharisäer wieder, wie er sehend geworden war. Und er sprach zu ihnen: Einen Brei hat er auf meine Augen gelegt, und ich wusch mich und bin nun sehend! Da sprachen etliche von den Pharisäern: Dieser Mensch ist nicht von Gott, weil er den Sabbat nicht hält! Andere sprachen: Wie kann ein sündiger Mensch solche Zeichen tun? Und es entstand eine Spaltung unter ihnen. Sie sprachen wiederum zu dem Blinden: Was sagst du von ihm, weil er dir die Augen geöffnet hat? Er aber sprach: Er ist ein Prophet!"* (Joh 9,13-17) Man muss wissen, dass bevor der Herr Jesus kam, die Pharisäer eine große

Anerkennung im Volk genossen. Nun aber lief es dem Sohn Gottes zu, dessen Reden so vollmächtig und dessen Taten so erstaunlich waren. Darum suchten die Pharisäer bei Ihm, wo es ging, ein Haar in der Suppe. Das einzige, was sie fanden, war, dass Er den Sabbat nicht so hielt, wie sie meinten dass er gehalten werden sollte. Der Herr machte gelegentlich auch am Samstag Menschen gesund und fragte die Pharisäer herausfordernd: *„Darf man am Sabbat Gutes tun oder Böses tun, das Leben retten oder töten?"* (Mk 3,4) Die Liebe macht am Sabbat keinen Ruhetag.

Die Pharisäer verschlossen also ihren Blick gegenüber diesem Wunder und suchten theologische Gründe, den Herrn Jesus anzuzweifeln. Zuletzt, weil der Geheilte nichts Schlechtes über den Herrn Jesus sagen konnte und wollte, schlossen die Pharisäer den Armen aus der Synagoge aus, was einer Exkommunikation gleichkam.

„Jesus hörte, dass sie ihn ausgestoßen hatten, und als er ihn fand, sprach er zu ihm: Glaubst du an den Sohn Gottes? Er antwortete und sprach: Wer ist es, Herr, damit ich an ihn glaube? Jesus aber sprach zu ihm: Du hast ihn

gesehen, und der mit dir redet, der ist es! Er aber sprach: Ich glaube, Herr! und fiel anbetend vor ihm nieder." (Joh 9,35-38) Wer an den Sohn Gottes glaubt, gehört zur wahren Synagoge, zum eigentlichen Volk Gottes, denn – wie bereits gesehen – genügt es nicht ein Sohn Abrahams zu sein, man muss zu einem Kind Gottes neu geboren werden. Dazu ist der Glaube an den Sohn Gottes eine Grundvoraussetzung. Diesen legte der Herr dem Geheilten nun vor, und dieser nahm Jesus gläubig als Herrn an, indem er vor ihm die Knie beugte.

Irgendwann muss man in der Auseinandersetzung mit Jesus Christus persönlich werden: *„Glaubst du an den Sohn Gottes?"* oder: *„Ich bin die Auferstehung und das Leben. Wer an mich glaubt, wird leben, auch wenn er stirbt; und jeder, der lebt und an mich glaubt, wird in Ewigkeit nicht sterben. Glaubst du das?"* (Joh 11,25-26) Erst, wenn wir zu solch einer persönlichen Antwort bereit werden, beginnt in uns die Veränderung, die die Erlösung bewirken will: *„Ja, Herr! Ich glaube, dass du der Christus bist, der Sohn Gottes, der in die Welt kommen soll."* (Joh 11,27) oder: *„Du bist der Christus, der Sohn des lebendigen Gottes!"* (Mat 16,16) oder: *„Siehe, hier ist*

Wasser! Was hindert mich, getauft zu werden? Da sprach Philippus: Wenn du von ganzem Herzen glaubst, so ist es erlaubt! Er antwortete und sprach: Ich glaube, dass Jesus Christus der Sohn Gottes ist!" (Apg 8,36-37)

Der ehemalige Blinde, nun sehend, sah den Sohn Gottes und glaubte. Die Pharisäer erwiesen sich als die eigentlichen Blinden: *„Und Jesus sprach: Ich bin zum Gericht in diese Welt gekommen, damit die, welche nicht sehen, sehend werden und die, welche sehen, blind werden. Und dies hörten etliche der Pharisäer, die bei ihm waren, und sprachen zu ihm: Sind denn auch wir blind? Jesus sprach zu ihnen: Wenn ihr blind wärt, so hättet ihr keine Sünde; nun sagt ihr aber: Wir sind sehend! – deshalb bleibt eure Sünde."* (Joh 9,39-41)

Es ist angebracht, ein frühes Zeugnis der Geschichtlichkeit der Wunder des Herrn Jesus zu zitieren. Zu Beginn der Regierung Hadrians (ab 117 n.Chr.) lebten noch einige alte Zeitzeugen des Wirkens Jesu. Ein Christ namens Quadratus schrieb an den Kaiser eine Apologetik, eine den Glauben verteidigende Schrift. Darin sagte er: *„Ständig waren in ihrer Tatsächlichkeit gegenwärtig die Werke unseres Erlösers: nämlich die Geheilten und die von den Toten Auferstandenen. Nicht* *nur hatte man sie im Augenblicke ihrer Heilung und ihrer Auferstehung geschaut, sondern immer waren sie zu sehen, nicht nur solange der Erlöser hienieden weilte, sondern noch geraume Zeit, nachdem er von der Erde gegangen. Sogar in unserer Zeit leben noch einige von ihnen.“* (Eusebius von Cäsarea – Kirchengeschichte, Buch 4, Kp 3)

Dennoch zog der Herr Jesus ein ernüchterndes Resümee aus Seinem Wirken: *„Da fing er an, die Städte zu schelten, in denen die meisten seiner Wundertaten geschehen waren, weil sie nicht Buße getan hatten: Wehe dir, Chorazin! Wehe dir, Bethsaida! Denn wenn in Tyrus und Zidon die Wundertaten geschehen wären, die bei euch geschehen sind, so hätten sie längst in Sack und Asche Buße getan. Doch ich sage euch: Es wird Tyrus und Zidon erträglicher gehen am Tag des Gerichts als euch! Und du, Kapernaum, die du bis zum Himmel erhöht worden bist, du wirst bis zum Totenreich hinabgeworfen werden! Denn wenn in Sodom die Wundertaten geschehen wären, die bei dir geschehen sind, es würde noch heutzutage stehen. Doch ich sage euch: Es wird dem Land Sodom erträglicher gehen am Tag des Gerichts als dir!“* (Mat 11,20-24)

Die Zeichen und Wunder beglaubigen also die Botschaft des Herrn, aber der Mensch kann jeden Beweis skeptisch zurückweisen. Dennoch folgten dem Herrn viele nach, doch diese zeichneten besondere Eigenschaften aus. Einige davon haben wir bereits gesehen: Bedürftigkeit, Demut, Glaube. Im Anschluss an die Worte über jene ungläubige Städte sagt der Herr: *„Ich preise dich, Vater, Herr des Himmels und der Erde, dass du dies vor den Weisen und Klugen verborgen und es den Unmündigen geoffenbart hast! Ja, Vater, denn so ist es wohlgefällig gewesen vor dir. Alles ist mir von meinem Vater übergeben worden, und niemand erkennt den Sohn als nur der Vater; und niemand erkennt den Vater als nur der Sohn und der, welchem der Sohn es offenbaren will."* (Mat 11,25-27)

Zum einen stehen sich die Menschen mit ihrer weltlichen Klugheit und Bildung auch selbst im Weg. Wir wissen ja so viel über diese Welt und das Leben. Lange waren alle felsenfest davon überzeugt, dass die Erde flach sei. Das wusste man. Heute wissen alle, dass sie Erde rund ist und um die Sonne kreist. Was werden wir morgen wissen, sodass man über unsere heutigen Erkenntnisse schmunzeln wird? Wer Gott zum Lachen bringen will, möge Ihm einen wissenschaftlichen Vortrag halten.

Der rettende Glaube ist ein kindlicher Glaube. Er ist die Reaktion, die Antwort auf die Selbstoffenbarung Gottes in Jesus Christus. Die Werke, die Er tat, sind eine Hilfe zum Glauben, für die, die glauben wollen, aber denen es schwer fällt. Sie dienen nicht dazu, Skeptikern ihre Beweisforderungen zu erfüllen. Eine Ausnahme macht der Herr jedoch bei einem seiner Jünger, der aufgrund der Kreuzigung Jesu jede Hoffnung verloren hatte und, wenn man nur die Worte hört, ziemlich trotzig Beweise Seiner Auferstehung fordert: *„Wenn ich nicht an seinen Händen das Nägelmal sehe und meinen Finger in das Nägelmal lege und meine Hand in seine Seite lege, so werde ich es niemals glauben!“* (Joh 20,25) Ich denke, der Herr wusste, dass dies keine stolze sondern eine verzweifelte Haltung war, weshalb Er Seinem bis dahin ja treuen Jünger entgegenkam: *„Und nach acht Tagen waren seine Jünger wiederum drinnen, und Thomas war bei ihnen. Da kommt Jesus, als die Türen verschlossen waren, und tritt in ihre Mitte und spricht: Friede sei mit euch! Dann spricht er zu Thomas: Reiche deinen Finger her und sieh* *meine Hände, und reiche deine Hand her und lege sie in meine Seite, und sei nicht ungläubig, sondern gläubig! Und Thomas antwortete und sprach zu ihm: Mein Herr und mein Gott! Jesus spricht zu ihm: Thomas, du glaubst, weil du mich gesehen hast; glückselig sind, die nicht sehen und doch glauben!"* (Joh 8,26-29)

Der Herr Jesus will eigentlich, dass wir Seinen Worten vertrauen. Die Zeichen selbst sind inhaltlich ja aussagelos; die Wunder können unsere Selbstsucht nähren in dem Wunsch, beispielsweise immer gesund zu bleiben, sodass wir unseren Glauben letztlich daran festmachen.

Hat sich, wenn wir das alles bedenken, an den Menschen etwas geändert? Fällt es uns heute leichter oder schwerer, an den Herrn Jesus zu glauben, dass Er der Sohn Gottes, der Christus ist? Dass in den Zeichen, die Er tat, das Reich Gottes gegenwärtig war (Luk 11,20)?

Natürlich stellt sich bei all dem auch die Frage, ob es diese Wunder heute auch gibt. Tatsächlich stattete der Herr Seine Apostel ebenso mit der Fähigkeit aus, Wunder zu tun: *„Diese Zeichen aber werden die begleiten, die gläubig geworden sind: In meinem Namen* werden sie Dämonen austreiben, sie werden in neuen Sprachen reden, Schlangen werden sie aufheben, und wenn sie etwas Tödliches trinken, wird es ihnen nichts schaden; Kranken werden sie die Hände auflegen, und sie werden sich wohl befinden. Der Herr nun wurde, nachdem er mit ihnen geredet hatte, aufgenommen in den Himmel und setzte sich zur Rechten Gottes. Sie aber gingen hinaus und verkündigten überall; und der Herr wirkte mit ihnen und bekräftigte das Wort durch die begleitenden Zeichen." (Mk 16,17-20) Das bestätigte sich dann auch. In der Apostelgeschichte lesen wir viel davon, und gegen Ende der ersten christlichen Generation heißt es im Hebräerbrief: „Darum sollten wir desto mehr auf das achten, was wir gehört haben, damit wir nicht etwa abgleiten. Denn wenn das durch Engel gesprochene Wort zuverlässig war und jede Übertretung und jeder Ungehorsam den gerechten Lohn empfing, wie wollen wir entfliehen, wenn wir eine so große Errettung missachten? Diese wurde ja zuerst durch den Herrn verkündigt und ist uns dann von denen, die ihn gehört haben, bestätigt worden, wobei Gott sein Zeugnis dazu gab mit Zeichen und Wundern und mancherlei Kraftwirkungen und Austeilungen des Heiligen Geistes nach seinem Willen." (Heb 2,1-4) In beiden Textstellen geht es darum, dass das Wort durch die Zeichen bestätigt wurde, mit dem Ziel, dem Wort zu glauben. Der letzte Text bringt zum Ausdruck, dass dieses Wort bereits hinreichend bestätigt und bekräftigt wurde, sodass wir umso mehr auf das achten sollen, was wir gehört haben.

Dennoch tut Gott in Seiner Barmherzigkeit noch Wunder. Er erhört die Gebete der Seinen, es geschehen immer noch Heilungen, aber diese stehen nicht mehr im Mittelpunkt der Aufmerksamkeit. Es gilt nach wie vor, dass Er sich die Forderung nach Zeichen verbittet, dass Er den Demütigen Gnade gibt, dass Er den Armen und Bedürftigen nahe steht, und dass es ohne Glauben unmöglich ist, Sein Wohlgefallen zu erlangen (Heb 11,6).

Der Herr warnt uns auch vor Scharlatanen, die in Seinem Namen Zeichen und Wunder tun, und deren gibt es leider viele. Darum macht Er am Ende der Bergpredigt klar, worauf es Ihm wirklich ankommt: *„Nicht jeder, der zu mir sagt: Herr, Herr! wird in das Reich der Himmel eingehen, sondern wer den Willen meines Vaters im Himmel tut. Viele werden an jenem Tag zu mir sagen: Herr, Herr,* *haben wir nicht in deinem Namen geweissagt und in deinem Namen Dämonen ausgetrieben und in deinem Namen viele Wundertaten vollbracht? Und dann werde ich ihnen bezeugen: Ich habe euch nie gekannt; weicht von mir, ihr Gesetzlosen!"* (Mat 7,21-23)

Für den Herrn Jesus sind die Zeichen und Wunder Beiwerk, eine Hilfestellung für die, die ihrer wirklich bedürfen. Doch Sein Ziel mit uns ist, dass wir den Willen des Vaters tun. Darum beeindruckt es Ihn gar nicht, wenn jemand in Seinem Namen Spektakuläres tut, wenn er nicht vor allem den Willen Gottes tut, indem er lebt, was unter anderem in der Bergpredigt vorgelegt wird.

Am Ende achtet der Herr auf ganz andere Dinge in unserem Leben: *"Dann wird der König denen zu seiner Rechten sagen: Kommt her, ihr Gesegneten meines Vaters, und erbt das Reich, das euch bereitet ist seit Grundlegung der Welt! Denn ich bin hungrig gewesen, und ihr habt mich gespeist; ich bin durstig gewesen, und ihr habt mir zu trinken gegeben; ich bin ein Fremdling gewesen, und ihr habt mich beherbergt; ich bin ohne Kleidung gewesen, und ihr habt mich bekleidet; ich bin krank gewesen, und ihr habt mich besucht; ich bin gefangen gewesen, und ihr seid zu mir gekommen."* (Mat 25,34-36)

Darum habe ich weiter oben geschrieben, dass das Leid in der Welt dazu da ist, dass wir die Werke Gottes wirken, und damit ist vor allem die tätige Nächstenliebe gemeint. Wie einfach wäre es, würden wir allen Menschen durch ein kurzes Gebet und ein Wunder helfen. Wir würden selbst bewundert werden, und es kostete uns keine Überwindung, keinen Schweiß, keine Selbsterniedrigung.

Nein, der Charakter Christi kommt vor allem im geduldigen, treuen, liebevollen und aufopfernden Dienst an anderen zum Ausdruck. *„So soll euer Licht leuchten vor den Leuten, dass sie eure guten Werke sehen und euren Vater im Himmel preisen."* (Mat 5,16)

Bis zum Tod am Kreuz

Über 120 Seiten lang habe ich versucht, dir den Herrn Jesus vorzustellen, Seine Gesinnung, Seinen Dienst, Seine Lehre, Seine Erwartungen an uns und Sein Königreich des Friedens und der Gerechtigkeit. Ich hoffe, es ist mir gelungen, dir ein relativ vollständiges und herausforderndes Bild vor Augen zu malen. Mir war dies deshalb wichtig, weil das „Bild", das die meisten Menschen mit dem Herrn Jesus verbinden, Seine Kreuzigung ist. Man könnte den Eindruck gewinnen, für viele Christen würde es genügen zu wissen, dass Jesus Christus für unsere Sünden gestorben ist, damit wir in den Himmel kommen. Dass Sein ganzes Leben dazu diente uns zu erlösen, wird dann meist übersehen. Denn was nützt es uns zu wissen, dass unsere Sünden vergeben sind, wenn wir nicht wissen, wie wir dann als Christen leben sollen. Dazu aber ist das Vorbild des Herrn unverzichtbar, und wie deutlich wurde, ist die Nachahmung Christi der Weg, auf dem wir errettet werden, nicht bloß der „theoretische" Glaube an Seinen Tod und Seine Auferstehung. *Wer den Willen Gottes tut, wird errettet werden.*

Allerdings können wir durch unser Tun zwei Dinge nicht: Wir können nicht unsere Natur, die zur Sünde neigt, verändern. Unsere guten Taten werden auch nicht gegenüber den bösen aufgewogen. Gnade hat nichts mit Buchhaltung und Gegenverrechnungen zu tun. *Wir können uns durch unser Tun nicht erlösen.*

Vergleicht man die beiden kursiv gesetzten Sätze am Ende dieser beiden Absätze, erscheinen sie widersprüchlich. Wenn man aber das Wesen des Reiches Gottes verstanden hat, dass wir verändert werden müssen, um als Bürger dieses Reiches dort ein Erbteil zu erhalten, macht das ganze absolut Sinn. Denn dem Herrn genügt es nicht, uns zu vergeben. Er will die Ursache aller Sünde beseitigen. Darum nützt uns das Kreuz Christi ohne die Nachfolge Jesu nichts und umgekehrt.

Durch Seine Auslegung der Heiligen Schrift forderte der Herr Seine Zeitgenossen heraus, prangerte religiöse Heuchelei an, legte den absoluten Maßstab Gottes gänzlich ohne menschliche Abstriche fest und verwarf alle Zusätze zum Wort Gottes, die aus der religiösen Tradition stammten. Allein damit machte Er sich die Schriftgelehrten und Pharisäer zu Feinden; am meisten aber stießen sie sich daran, dass der Herr Jesus nicht davor zurückschreckte, selbst am Sabbat Gutes zu tun, indem Er Menschen heilte. Darum suchten sie zunehmend Gelegenheit, den Herrn zu töten.

Im Buch Weisheit, das rund 200 Jahre vor Christus geschrieben wurde, wird sehr lebendig vorausgesagt, warum man Ihn töten wollte: *„Lasst uns dem Gerechten auflauern, denn er ist für uns nutzlos und steht unserem Tun im Weg und wirft uns Verfehlungen gegen das Gesetz vor und sagt uns Verfehlungen nach gegen unsere Erziehung. Er versichert, Gotteserkenntnis zu besitzen, und nennt sich Knecht des Herrn. Er wurde uns zu einer ständigen Anklage unserer Denkweisen, er ist uns schwer erträglich, sobald wir ihn nur erblicken. Denn unähnlich ist sein Leben dem der anderen, und ganz verschieden von ihnen sind seine Pfade. Als Falschgeld wurden wir von ihm eingeschätzt, und er hält sich von unseren Wegen fern wie von Unreinheiten. Die letzten Dinge von Gerechten preist er glücklich, und prahlt, Gott sei sein Vater. Wir wollen sehen, ob seine Worte wahr sind, und erproben, wie es mit ihm ausgeht. Wenn nämlich der Gerechte wirklich Gottes*

Sohn ist, wird er sich seiner annehmen und ihn retten aus der Hand seiner Gegner. Durch Erniedrigung und Folter wollen wir ihn prüfen, um seine Milde kennenzulernen und seinen Gleichmut auf die Probe zu stellen. Zu einem schändlichen Tod wollen wir ihn verurteilen – es wird nämlich seine Heimsuchung stattfinden nach seinen Worten." (Weis 2,12-20)

Das ist die menschliche Perspektive auf das Kreuz, aus der Sicht Seiner Gegner. Entlarvend, nichts beschönigend wird hier das Herz und die Gesinnung aller offengelegt, die den Herrn Jesus wenn nicht selbst kreuzigen, so doch verabscheuen:

„Er steht unserem Tun im Weg und wirft uns Verfehlungen gegen das Gesetz vor" – Wir kennen Schmähworte wie „Moralapostel" oder „moralinsauer", die meist dann geäußert werden, wenn jemand Fehlverhalten aufzeigt und dann als „Spielverderber" gilt. Solche Worte kommen von Menschen, die gar nicht nach Gottes Willen fragen, sondern ihren Eigenwillen hemmungslos ausleben wollen, nicht selten auf Kosten anderer. Die Kritik Jesu stand solchem Tun entgegen. Er machte den Pharisäern viele Vorwürfe, unter anderem: *„Aber wehe euch, ihr Schriftgelehrten und Pharisäer, ihr Heuchler,*

dass ihr das Reich der Himmel vor den Menschen zuschließt! Ihr selbst geht nicht hinein, und die hinein wollen, die lasst ihr nicht hinein. Wehe euch, ihr Schriftgelehrten und Pharisäer, ihr Heuchler, dass ihr die Häuser der Witwen fresst und zum Schein lange betet. Darum werdet ihr ein schwereres Gericht empfangen!" (Mat 23,13-14)

„Er versichert, Gotteserkenntnis zu besitzen, und nennt sich Knecht des Herrn." – Der Sohn Gottes hatte naturgemäß eine andere Gotteserkenntnis als jemand, der Gott nur aus dem Buch kennt. Nikodemus war einer der demütigeren Pharisäer und lud den Herrn Jesus zu einem Privatgespräch ein. Dort sagte der Herr ohne falsche Scheu: *„Wahrlich, wahrlich, ich sage dir: Wir reden, was wir wissen, und wir bezeugen, was wir gesehen haben; und doch nehmt ihr unser Zeugnis nicht an. Glaubt ihr nicht, wenn ich euch von irdischen Dingen sage, wie werdet ihr glauben, wenn ich euch von den himmlischen Dingen sagen werde? Und niemand ist hinaufgestiegen in den Himmel, außer dem, der aus dem Himmel herabgestiegen ist, der Sohn des Menschen, der im Himmel ist."* (Joh 3,11-13) Bei jeder

Autoreparatur vertrauen wir dem Mecha-
nikermeister mehr als einem Hausmeister;
in göttlichen Dingen sollte es anders sein?

*„Er wurde uns zu einer ständigen Anklage un-
serer Denkweisen, er ist uns schwer erträglich,
sobald wir ihn nur erblicken. Denn unähnlich ist
sein Leben dem der anderen"* – Hier bestätigt
sich, was ich bei den Seligpreisungen bereits
sagte. Man muss gar keine Worte gebrauchen, allein dass wir so leben, wie Gott es
erwartet, ist bereits anstößig in einer Welt,
die das Gegenteil will. Genau so sollen aber
auch Christen der Welt „unähnlich" sein:
*„Und passt euch nicht diesem Weltlauf an, son-
dern lasst euch in eurem Wesen verwandeln
durch die Erneuerung eures Sinnes, damit ihr
prüfen könnt, was der gute und wohlgefällige
und vollkommene Wille Gottes ist."* (Röm 12,2)
Nur dann sind auch wir glaubwürdige
Nachfolger Jesu und werden von der Welt
auch dementsprechend wahrgenommen
und behandelt.

*„Als Falschgeld wurden wir von ihm einge-
schätzt"* – Heuchler nannte der Herr Jesus
die Pharisäer und Schriftgelehrten; sie stellten etwas dar, das sie nicht sind. *„Wehe euch,
ihr Schriftgelehrten und Pharisäer, ihr Heuchler, dass ihr getünchten Gräbern gleicht, die*

äußerlich zwar schön scheinen, inwendig aber voller Totengebeine und aller Unreinheit sind! So erscheint auch ihr äußerlich vor den Menschen als gerecht, inwendig aber seid ihr voller Heuchelei und Gesetzlosigkeit." (Mat 23,27-28) Selbstverständlich „kränkte" das die Angesprochenen, es verletzte ihren Stolz, doch das ist notwendig. Man kann solche Vorwürfe brüsk zurückweisen, man kann aber auch in einer ruhigen Minute in sich gehen und sich fragen: Hat der Herr etwa doch Recht gehabt? Bin ich wirklich so? Ich fürchte, die meisten Menschen, die den Herrn Jesus ablehnen, tun dies, weil sie sich diesen Vorwürfen nicht in Demut stellen wollen. Wie geht es dir damit? Wieweit trifft das auf dich zu?

„Die letzten Dinge von Gerechten preist er glücklich" – Der Herr Jesus stellte immer wieder das Zeitliche dem Ewigen gegenüber, damit wir lernen vorausschauend weise Entscheidungen zu treffen. *„Denn wer sein Leben retten will, der wird es verlieren; wer aber sein Leben verliert um meinetwillen, der wird es finden. Denn was hilft es dem Menschen, wenn er die ganze Welt gewinnt, aber sein Leben verliert?"* (Mat 16,25-26) Damit wir eine Vor-

freude auf die Ewigkeit bekommen, schilderte Er in Bildern und Gleichnissen, was wir erwarten können: *„Und sie werden kommen von Osten und von Westen, von Norden und von Süden, und zu Tisch sitzen im Reich Gottes."* (Luk 13,29) Gemeint ist ein Festmahl. *„Und es geschah, als er wiederkam, nachdem er die Königswürde empfangen hatte, da ließ er die Knechte, denen er das Geld gegeben hatte, vor sich rufen, um zu erfahren, was jeder erhandelt habe. Da kam der erste und sprach: Herr, dein Pfund hat zehn Pfund dazugewonnen! Und er sprach zu ihm: Recht so, du guter Knecht! Weil du im Geringsten treu gewesen bist, sollst du Vollmacht über zehn Städte haben!"* (Luk 19,15-17) Gemeint ist die Teilhabe an Seiner Königsherrschaft. Es ist dem Herrn wichtig uns zu vermitteln: Ihm nachzufolgen zahlt sich aus! Er preist die letzten Dinge der Gerechten selig.

„Er prahlt, Gott sei sein Vater" – Tatsächlich tat Er das, weil es so ist. In den Ohren derer, die sich das nicht vorstellen können, klingt das wie Angeberei oder eine unglaubliche Anmaßung. Der Herr Jesus entging deshalb einmal nur knapp einer Steinigung: *„Jesus antwortete: Wenn ich mich selbst ehre, so ist meine Ehre nichts; mein Vater ist es, der mich*

ehrt, von dem ihr sagt, er sei euer Gott. Und doch habt ihr ihn nicht erkannt; ich aber kenne ihn. … Da hoben sie Steine auf, um sie auf ihn zu werfen. Jesus aber verbarg sich und ging zum Tempel hinaus, mitten durch sie hindurch, und entkam so." (Joh 8,54-55+59) Das Problem war, dass sie bei aller Religiosität Gott nicht wirklich kannten. Sie hatten einen komfortablen Glauben mit Lehren und Regeln, die in ihr Weltbild passten, doch der Herr Jesus sprengt diesen Rahmen. Das gilt auch für uns: Wenn wir Ihn nur im Rahmen des uns Bekannten beurteilen, werden wir Ihn ablehnen.

„Wir wollen sehen, ob seine Worte wahr sind, und erproben, wie es mit ihm ausgeht. Wenn nämlich der Gerechte wirklich Gottes Sohn ist, wird er sich seiner annehmen und ihn retten aus der Hand seiner Gegner. Durch Erniedrigung und Folter wollen wir ihn prüfen, um seine Milde kennenzulernen und seinen Gleichmut auf die Probe zu stellen. Zu einem schändlichen Tod wollen wir ihn verurteilen – es wird nämlich seine Heimsuchung stattfinden nach seinen Worten." – So präzise erfüllte sich all das, dass man geneigt wäre, diese Prophezeiung wäre erst nachträglich geschrieben worden. Tatsächlich wurde sie 200 Jahre vor der

Kreuzigung gegeben. Die Heimsuchung fand nach Seinen Worten statt, heißt es obendrein. Der Herr selbst sagte voraus, was mit Ihm in Jerusalem geschehen würde: *„Siehe, wir ziehen hinauf nach Jerusalem, und der Sohn des Menschen wird den obersten Priestern und Schriftgelehrten ausgeliefert werden, und sie werden ihn zum Tode verurteilen und werden ihn den Heiden ausliefern, damit diese ihn verspotten und geißeln und kreuzigen; und am dritten Tag wird er auferstehen."* (Mat 20, 17-19) Als er dann am Kreuz hing, verspotteten Ihn die Umstehenden mit den Worten: *„Er hat auf Gott vertraut; der befreie ihn jetzt, wenn er Lust an ihm hat; denn er hat ja gesagt: Ich bin Gottes Sohn!"* (Mat 27,43) So erfüllte sich Gottes Wort am ersten Karfreitag, als man den Herrn Jesus kreuzigte.

Es gibt aber einen zweiten Blickwinkel auf das Kreuz, den Blickwinkel Gottes und des Glaubens. Auch hier öffnet uns ein Text die Augen, der Jahrhunderte vor der Kreuzigung verfasst wurde: *„Doch er wurde um unserer Übertretungen willen durchbohrt, wegen unserer Missetaten zerschlagen; die Strafe lag auf ihm, damit wir Frieden hätten, und durch seine Wunden sind wir geheilt worden. Wir alle gingen in die Irre wie Schafe, jeder* wandte sich auf seinen Weg; aber der Herr warf unser aller Schuld auf ihn. Er wurde misshandelt, aber er beugte sich und tat seinen Mund nicht auf, wie ein Lamm, das zur Schlachtbank geführt wird, und wie ein Schaf, das verstummt vor seinem Scherer und seinen Mund nicht auftut. Infolge von Drangsal und Gericht wurde er weggenommen; wer will aber sein Geschlecht beschreiben? Denn er wurde aus dem Land der Lebendigen weggerissen; wegen der Übertretung meines Volkes hat ihn Strafe getroffen. Und man bestimmte sein Grab bei Gottlosen, aber bei einem Reichen war er in seinem Tod, weil er kein Unrecht getan hatte und kein Betrug in seinem Mund gewesen war.

Aber dem Herrn gefiel es, ihn zu zerschlagen; er ließ ihn leiden. Wenn er sein Leben zum Schuldopfer gegeben hat, so wird er Nachkommen sehen und seine Tage verlängern; und das Vorhaben des Herrn wird in seiner Hand gelingen. Nachdem seine Seele Mühsal erlitten hat, wird er seine Lust sehen und die Fülle haben; durch seine Erkenntnis wird mein Knecht, der Gerechte, viele gerecht machen, und ihre Sünden wird er tragen. Darum will ich ihm die Vielen zum Anteil geben, und er wird Starke zum Raub erhalten, dafür, dass er seine Seele dem Tod preisgegeben hat und sich unter die Übeltäter *zählen ließ und die Sünde vieler getragen und für die Übeltäter gebetet hat."* (Jes 53,5-12)

Am Kreuz trug Jesus Christus unsere Sünden. Gott legte sie gewissermaßen auf Seine Schultern, damit wir Frieden hätten. Es geht hier um den Frieden zwischen Gott und den Menschen, der durch unsere Sünden grundlegend gestört ist. Jesus Christus war ein Opferlamm, wie im Alten Testament Tiere als Sühnopfer geschlachtet wurden.

Dass uns solch ein Gedanke fremd ist, gar abstößt, ist ein Beweis dafür, welche Auswirkungen dieses Opfer hatte, denn mit dem Kreuz wurden alle vorläufigen Tieropfer ein für alle Mal abgeschafft. Gott ließ durch die Römer sogar den Tempel zerstören, damit dieses Opfern ein Ende hat.

Seit 2.000 Jahren haben wir uns daran gewöhnt, dass keine Opfer zur Vergebung der Sünden *mehr* notwendig sind. Daraus zu schließen, dass *überhaupt kein* Opfer nötig sei, ist aber unrichtig. Dass wir diese Gedanken aufgrund dessen vielleicht nur schwer erfassen können, ändert aber nichts daran, dass es so ist. Gerade weil der Herr Jesus historisch gekreuzigt wurde, und weil prophetisch Jahrhunderte davor erklärt wurde, dass und warum dies geschehen würde, zwingt uns zu einem Umdenken, wenn wir uns ehrlich damit auseinandersetzen wollen.

Im Hebräerbrief heißt es dazu: *„Denn weil das Gesetz nur einen Schatten der zukünftigen Heilsgüter hat, nicht die Gestalt der Dinge selbst, so kann es auch mit den gleichen alljährlichen Opfern, die man immer wieder darbringt, die Hinzutretenden niemals zur Vollendung bringen. Hätte man sonst nicht aufgehört, Opfer darzubringen, wenn die, welche den Gottesdienst verrichten, einmal gereinigt, kein Bewusstsein von Sünden mehr gehabt hätten? Stattdessen geschieht durch diese Opfer alle Jahre eine Erinnerung an die Sünden. Denn unmöglich kann das Blut von Stieren und Bökken Sünden hinwegnehmen! Darum spricht er (Jesus) bei seinem Eintritt in die Welt: »Opfer und Gaben hast du nicht gewollt; einen Leib aber hast du mir bereitet. An Brandopfern und Sündopfern hast du kein Wohlgefallen. Da sprach ich: Siehe, ich komme – in der Buchrolle steht von mir geschrieben –, um deinen Willen, o Gott, zu tun!« Oben sagt er: »Opfer und Gaben, Brandopfer und Sündopfer hast du nicht gewollt, du hast auch kein Wohlgefallen an ihnen« – die ja nach dem Gesetz dargebracht werden –, dann fährt er fort: »Siehe, ich komme,* *um deinen Willen, o Gott, zu tun«. Somit hebt er das erste auf, um das zweite einzusetzen. Aufgrund dieses Willens sind wir geheiligt durch die Opferung des Leibes Jesu Christi, und zwar ein für allemal."* (Heb 10,1-10)

Als ein Äthiopischer Beamter auf der Heimreise von Jerusalem war, las er auf seinem Wagen die Buchrolle des Propheten Jesaja. Er war gerade im Kapitel 53, wo vom Lamm Gottes die Rede ist, als ihm Philippus auf der Straße begegnete: *„Da lief Philippus hinzu und hörte ihn den Propheten Jesaja lesen; und er sprach: Verstehst du auch, was du liest? Er aber sprach: Wie kann ich denn, wenn mich nicht jemand anleitet? Und er bat Philippus, aufzusteigen und sich zu ihm zu setzen. Die Schriftstelle aber, die er las, war diese: »Wie ein Schaf wurde er zur Schlachtung geführt, und wie ein Lamm vor seinem Scherer stumm ist, so tut er seinen Mund nicht auf. In seiner Erniedrigung wurde sein Gericht aufgehoben. Wer will aber sein Geschlecht beschreiben? Denn sein Leben wird von der Erde weggenommen!« Da wandte sich der Kämmerer an Philippus und sprach: Ich bitte dich, von wem sagt der Prophet dies? Von sich selbst oder von einem anderen? Da tat Philippus seinen Mund auf und begann mit* *dieser Schriftstelle und verkündigte ihm das Evangelium von Jesus."* (Apg 7,30-35)

Soweit alles klar? Verstehst auch du es nun? Ich habe darauf verzichtet, die Details der Kreuzigung zu beschreiben. Wer will, mag sich dazu den Film „Passion Christi" von Mel Gibson ansehen. Es war die grausamste Hinrichtungsart der Antike. Die Auseinandersetzung damit mag uns ein Gefühl dafür vermitteln, wie sehr Jesus Christus uns geliebt haben muss, dass Er bereit war, das alles durchzumachen, um uns zu erretten.

Diese Liebe will erwidert werden.

FRIEDE SEI MIT EUCH!

Nach der Kreuzigung herrschte Verzweiflung unter den Jüngern, denn nun war alles aus. Der Herr, auf den sie große Hoffnungen setzten, war tot, nun würde alles den gewohnten Gang nehmen. Das Reich Gottes schien in weite Ferne gerückt, die Finsternis hat triumphiert. Eiskalte Machtpolitik hat sich gegen Wahrheit, Gerechtigkeit und Liebe durchgesetzt. Zwei der Jünger haben ihre Sachen gepackt und Jerusalem verlassen:

„ Und siehe, zwei von ihnen gingen an demselben Tag zu einem Dorf namens Emmaus, das von Jerusalem 60 Stadien entfernt war. Und sie redeten miteinander von allen diesen Geschehnissen." (Luk 24,13-14) Was ihnen wohl durch den Kopf ging? Es passte irgendwie alles nicht zusammen. Es war so real, so wirklich. Die Zeichen, die geschahen, die Worte, die solch eine Kraft der Hoffnung vermittelten. Endlich trat jemand mit Vollmacht gegen die Heuchelei auf! Die Armen kamen zu ihrem Recht und ihrer Würde! Alles aus? Alles abgedreht?

„Und es geschah, während sie miteinander redeten und sich besprachen, da nahte sich Jesus

selbst und ging mit ihnen. Ihre Augen aber wurden gehalten, so dass sie ihn nicht erkannten. Und er sprach zu ihnen: Was habt ihr unterwegs miteinander besprochen, und warum seid ihr so traurig? Da antwortete der eine, dessen Name Kleopas war, und sprach zu ihm: Bist du der einzige Fremdling in Jerusalem, der nicht erfahren hat, was dort geschehen ist in diesen Tagen?" (Luk 24,15-18) Die Kreuzigung Jesu war natürlich Stadtgespräch. Dennoch stellte der Auferstandene sich unwissend, um sie selbst erzählen zu lassen. Zweifel, Enttäuschung, Ratlosigkeit und Trauer müssen ausgesprochen werden, damit sie mit Hilfe Gottes überwunden werden können. Der Herr lässt sie reden.

„Und er sprach zu ihnen: Was? Sie sprachen zu ihm: Das mit Jesus, dem Nazarener, der ein Prophet war, mächtig in Tat und Wort vor Gott und dem ganzen Volk; wie ihn unsere obersten Priester und führenden Männer ausgeliefert haben, dass er zum Tode verurteilt und gekreuzigt wurde. Wir aber hofften, er sei der, welcher Israel erlösen sollte. Ja, bei alledem ist heute schon der dritte Tag, seit dies geschehen ist! Zudem haben uns auch einige Frauen aus unserer Mitte in Verwirrung gebracht; sie waren am Morgen früh beim Grab, fanden seinen Leib nicht, kamen

und sagten, sie hätten sogar eine Erscheinung von Engeln gesehen, welche sagten, er lebe. Und etliche der Unsrigen gingen hin zum Grab und fanden es so, wie es auch die Frauen gesagt hatten; ihn selbst aber haben sie nicht gesehen." (Luk 24,19-24) Auch hier siegten der Zweifel und die Resignation über die ersten Berichte von der Auferstehung Jesu. Das ist ihnen nicht zu verdenken, denn niemand rechnete wirklich damit. Das war jenseits aller Vorstellung. Doch der Herr ließ das so nicht gelten:

„Und er sprach zu ihnen: O ihr Unverständigen, wie ist doch euer Herz träge, zu glauben an alles, was die Propheten geredet haben! Musste nicht der Christus dies erleiden und in seine Herrlichkeit eingehen? Und er begann bei Mose und bei allen Propheten und legte ihnen in allen Schriften aus, was sich auf ihn bezieht." (Luk 24,25-27) Auch jetzt erkannten sie Ihn noch nicht, aber sie ließen es zu, dass ihnen ein scheinbar Fremder die Schriften erklärte.

In etwa so habe ich es im Kapitel davor versucht, indem ich zeigte, dass das Kreuz sein musste. Das Alte Testament hat noch viel mehr Vorhersagen. Insgesamt gibt es über 300 Prophezeiungen über Jesus Christus in den Alten Texten. Für Gesprächsstoff war auf dem Weg also gesorgt, und ich stelle mir vor, dass der Herr dies alles noch viel interessanter und spannender darlegen konnte, als ich es je könnte. Wie viele Fragen und Einwände wohl auf diesem Weg aufkamen und geklärt werden konnten!

„Und sie näherten sich dem Dorf, wohin sie wanderten; und er gab sich den Anschein, als wollte er weitergehen. Und sie nötigten ihn und sprachen: Bleibe bei uns, denn es will Abend werden, und der Tag hat sich geneigt! Und er ging hinein, um bei ihnen zu bleiben. Und es geschah, als er mit ihnen zu Tisch saß, nahm er das Brot, sprach den Segen, brach es und gab es ihnen. Da wurden ihnen die Augen geöffnet, und sie erkannten ihn; und er verschwand vor ihnen. Und sie sprachen zueinander: Brannte nicht unser Herz in uns, als er mit uns redete auf dem Weg, und als er uns die Schriften öffnete?" (Luk 24,28-32) Die Begegnung nimmt eine überraschende Wendung. Man bekommt selbst eine Gänsehaut, wenn man sich da hineinversetzt. Das Brechen des Brotes weckte Erinnerungen an das letzte Abendmahl, als der Herr sagte, dass dieses Brot Seinen Leib darstellte, der gebrochen

werden müsse, und der Wein sei Sein Blut, das Blut des Neuen Bundes zwischen Gott und den Menschen. Wahrscheinlich waren da auf einmal die Nägelmale zu sehen. Vielleicht waren es die Worte des Dankgebetes, das Er sprach. Es fiel ihnen wie Schuppen von den Augen und sie erkannten den Herrn. Und just in dem Moment wurde Er unsichtbar. Was sollen sie damit anfangen? Was haften blieb, war die Auslegung der Schriften. Auf einmal machte all das Sinn! Nun verstanden sie, was Generationen von Schriftgelehrten nicht verstehen konnten, da die wörtliche Erfüllung von Jesaja 53 keinen Sinn zu machen schien.

„Und sie standen auf in derselben Stunde und kehrten nach Jerusalem zurück und fanden die Elf und ihre Gefährten versammelt, die sprachen: Der Herr ist wahrhaftig auferstanden, und er ist dem Simon erschienen! Und sie selbst erzählten, was auf dem Weg geschehen war, und wie er von ihnen am Brotbrechen erkannt worden war." (Luk 24,33-35) Sie eilten nach Jerusalem zurück, wo sie noch am selben Abend eintrafen. Die Stimmung im Kreis der übrigen Jünger war erregt, verwirrt, erfreut und die anfängliche Verzweiflung und Skepsis wich einem: „Kann es wirklich

sein?" Erzählungen wurden geteilt, die Spannung muss enorm gewesen sein. Doch die meisten hatten selbst noch keine Begegnung mit dem Auferstanden.

„Während sie aber davon redeten, trat Jesus selbst in ihre Mitte, und er spricht zu ihnen: Friede sei mit euch! Aber bestürzt und voll Furcht meinten sie, einen Geist zu sehen. Und er sprach zu ihnen: Was seid ihr so erschrocken, und warum steigen Zweifel auf in euren Herzen? Seht an meinen Händen und meinen Füßen, dass ich es bin! Rührt mich an und schaut, denn ein Geist hat nicht Fleisch und Knochen, wie ihr seht, dass ich es habe! Und indem er das sagte, zeigte er ihnen die Hände und die Füße." (Luk 24,36-40) Die Jünger waren Menschen wie wir. Wir wären auch zu Tode erschrocken, und fast alle haben oder hatten irgendwann einmal Angst vor Geistern und Gespenstern. Der Herr grüßt sie mit „Friede sei mit euch!" Es fällt normalerweise nicht auf, aber im Neuen Testament hat der Herr Jesus vor Seiner Auferstehung nie diesen Gruß gebraucht Doch mit der Auferstehung begegnet Er den Seinen mit diesen Worten. Wir lasen im Propheten Jesaja ja, dass unsere Strafe auf Ihm lag, damit wir Frieden hätten. Jetzt, wo

Er das Kreuz erduldet hat und auferstanden ist, wurde aus der Verheißung des Friedens eine Realität. Wir können *jetzt* Frieden mit Gott haben. Um die letzten Zweifel zu zerstreuen, zeigt der Herr Jesus ihnen, wie konkret und wirklich Seine leibliche Auferstehung ist:

„Da sie aber noch nicht glaubten vor Freude und sich verwunderten, sprach er zu ihnen: Habt ihr etwas zu essen hier? Da reichten sie ihm ein Stück gebratenen Fisch und etwas Wabenhonig. Und er nahm es und aß vor ihnen." (Luk 24,41-43) Als Simon Petrus Jahre später im Haus des römischen Hauptmannes Cornelius von der Auferstehung redete, belegte er diese mit genau diesem Beispiel: *„Und wir sind Zeugen alles dessen, was er im Land der Juden und in Jerusalem getan hat. Ihn haben sie getötet, indem sie ihn ans Holz hängten. Diesen hat Gott auferweckt am dritten Tag und hat ihn offenbar werden lassen, nicht dem ganzen Volk, sondern uns, den von Gott vorher erwählten Zeugen, die wir mit ihm gegessen und getrunken haben nach seiner Auferstehung aus den Toten."* (Apg 10,39-41) Mehr als 500 Personen wurden Zeugen Seiner Auferstehung, schreibt Paulus (1.Kor 15,3-8). Widerlegen konnte dieses Ereignis bisher

noch niemand, aber viele, die sich ernsthaft mit den historischen Fakten befassten, wurden selbst gläubig, auch wenn sie als Skeptiker begonnen hatten. Nichts erklärt den Wechsel von völliger Niedergeschlagenheit zu missionarischer Freude besser und schlüssiger als die Tatsächlichkeit der Auferstehung Jesu.

Der Herr erklärt den Jüngern noch einmal, warum all das sein musste. Er wollte, dass sie das gut und gründlich begriffen: *„Er aber sagte ihnen: Das sind die Worte, die ich zu euch geredet habe, als ich noch bei euch war, dass alles erfüllt werden muss, was im Gesetz Moses und in den Propheten und den Psalmen von mir geschrieben steht. Da öffnete er ihnen das Verständnis, damit sie die Schriften verstanden, und sprach zu ihnen: So steht es geschrieben, und so musste der Christus leiden und am dritten Tag aus den Toten auferstehen, und in seinem Namen soll Buße und Vergebung der Sünden verkündigt werden unter allen Völkern, beginnend in Jerusalem. Ihr aber seid Zeugen hiervon!"* (Luk 24,44-48) Wir haben dieses Zeugnis in den Schriften des Neuen Testaments. Wir haben die Berichte über den Herrn Jesus tatsächlich aus erster Hand.

Wer beginnt zu begreifen, dass Jesus Christus tatsächlich lebt, der wird von einer ähnlichen Spannung erfasst, die die Jünger am Tag der Auferstehung erfasste. Und wer sich aus dem Wort Gottes zeigen lässt, warum Er das Kreuz für uns trug, und was die Botschaft vom Reich Gottes für das eigene Leben bedeutet, für den beginnt das Leben auf einmal Sinn zu machen, auch wenn jetzt alles neu und anders gedacht und verstanden und angegangen werden muss. Kannst du mir sagen, warum nur so wenige sich darauf einlassen?

Die Thronbesteigung

Zwei wichtige Feiertage folgen auf den Ostersonntag, an dem man die Auferstehung Jesu feiert: *Christi Himmelfahrt und Pfingsten.* Beide werden meist aus der Darstellung des Evangeliums ausgeblendet, weil den meisten zu genügen scheint, dass der Herr Jesus für unsere Sünden gestorben und auferstanden ist. Das Evangelium ist aber nicht die Botschaft von der Sündenvergebung, sondern die Botschaft vom Königreich Gottes. Das war auch das Thema der Verkündigung des Herrn, weshalb wir relativ viel Zeit damit verbracht haben, darzulegen, welcher Art dieses Königreich ist und wer dazugehören darf.

Nach Seiner Auferstehung blieb der Herr noch 40 Tage bei Seinen Jüngern: *„ Ihnen erwies er sich auch nach seinem Leiden als lebendig durch viele sichere Kennzeichen, indem er ihnen während 40 Tagen erschien und über das Reich Gottes redete."* (Apg 1,3) Gerade nach Seiner Auferstehung machte es Sinn, die Lehren des Reiches Gottes nochmals einzuschärfen und zu vertiefen, da die Jünger erst jetzt in der Lage waren, sie richtig zu verstehen.

Ein Beispiel dieses Missverständnisses kann man in dem Gespräch des Herrn mit den Jüngern auf den Weg nach Emmaus erkennen: *„Wir aber hofften, er sei der, welcher Israel erlösen sollte."* (Luk 24,21) Sie erwarteten ein eher irdisch-politisches Reich Gottes, welches *jetzt* die Umstände des Volkes Israel verbessern würde. Doch das Reich Gottes geht weit über das kleine Israel hinaus. Vor Pilatus sagte der Herr: *„Mein Reich ist nicht von dieser Welt; wäre mein Reich von dieser Welt, so hätten meine Diener gekämpft, damit ich den Juden nicht ausgeliefert würde; nun aber ist mein Reich nicht von hier."* (Joh 18,36) Es ist also *jetzt* nicht von dieser Welt, wird aber eines Tages die ganze Neue Schöpfung bis an die Enden der Erde erfüllen: *„Und Er wird auftreten und sie weiden in der Kraft des Herrn und in der Hoheit des Namens des Herrn, seines Gottes; und sie werden sicher wohnen; denn nun wird Er groß sein bis an die Enden der Erde. Und dieser wird der Friede sein!"* (Micha 5,3-4) Wenn man das vermischt und einen „Gottesstaat" in dieser gefallenen sündigen Welt errichten will (was viele versuchten und damit scheiterten), dann hat man das Reich Gottes missverstanden. Denn so kann man es bestenfalls mit Gewalt errichten und mit Gewalt zu erhalten versuchen. Darum sagt der Herr auch: *„wäre mein Reich von dieser Welt, so hätten meine Diener gekämpft"*, und genau das versuchte Petrus im Garten Gethsemane: *„Da nun Simon Petrus ein Schwert hatte, zog er es und schlug nach dem Knecht des Hohenpriesters und hieb ihm das rechte Ohr ab; der Name des Knechtes aber war Malchus. Da sprach Jesus zu Petrus: Stecke dein Schwert in die Scheide! Soll ich den Kelch nicht trinken, den mir der Vater gegeben hat?"* (Joh 18,10)

Es gab also viele Missverständnisse zu klären, was die Natur des Reiches Gottes betrifft. Es ist ein Friedensreich, und seine Bürger lernen den Krieg nicht mehr. Darum wird es auch nicht durch Schlachten errungen, sondern durch Kreuz und Auferstehung. Unser Kampf ist rein mit geistlichen Waffen zu führen: *„Deshalb ergreift die ganze Waffenrüstung Gottes, damit ihr am bösen Tag widerstehen und, nachdem ihr alles wohl ausgerichtet habt, euch behaupten könnt. So steht nun fest, eure Lenden umgürtet mit Wahrheit, und angetan mit dem Brustpanzer der Gerechtigkeit, und die Füße gestiefelt mit der Bereitschaft zum Zeugnis für das Evangelium des Friedens. Vor allem aber ergreift den Schild des Glaubens, mit dem ihr alle feurigen Pfeile des*

Bösen auslöschen könnt, und nehmt auch den Helm des Heils und das Schwert des Geistes, welches das Wort Gottes ist." (Eph 6,13-17) Das Evangelium des Friedens wird nicht mit Feuer und Schwert verbreitet, sondern durch das Wort Gottes und einen gerechten Lebenswandel.

40 Tage nach Seiner Auferstehung versammelte der Herr nun Seine Jünger, um ihnen den Auftrag zu geben, den sie bis zu Seiner Rückkehr in Macht und Herrlichkeit erfüllen sollten: „Und Jesus trat herzu, redete mit ihnen und sprach: Mir ist gegeben alle Macht im Himmel und auf Erden. So geht nun hin und macht zu Jüngern alle Völker, und tauft sie auf den Namen des Vaters und des Sohnes und des Heiligen Geistes und lehrt sie alles halten, was ich euch befohlen habe. Und siehe, ich bin bei euch alle Tage bis an das Ende der Weltzeit! Amen." (Mat 28,18-20) und „Ihr werdet Kraft empfangen, wenn der Heilige Geist auf euch gekommen ist, und ihr werdet meine Zeugen sein in Jerusalem und in ganz Judäa und Samaria und bis an das Ende der Erde!" (Apg 1,8) Damit ist Pfingsten gemeint, doch dazu etwas später.

„Und als er dies gesagt hatte, wurde er vor ihren Augen emporgehoben, und eine Wolke nahm ihn *auf von ihren Augen weg. Und als sie unverwandt zum Himmel blickten, während er dahinfuhr, siehe, da standen zwei Männer in weißer Kleidung bei ihnen, die sprachen: Ihr Männer von Galiläa, was steht ihr hier und seht zum Himmel? Dieser Jesus, der von euch weg in den Himmel aufgenommen worden ist, wird in derselben Weise wiederkommen, wie ihr ihn habt in den Himmel auffahren sehen!"* (Apg 1,9-11) Die Himmelfahrt Christi ist ganz entscheidend, denn erst dadurch wird Sein irdischer Dienst abgeschlossen und „gekrönt".

Es ist tatsächlich die Thronbesteigung des Sohnes Gottes, wie sie bereits Jahrhunderte zuvor durch den Propheten Daniel verheissen wurde: *„Ich sah in den Nachtgesichten, und siehe, es kam einer mit den Wolken des Himmels, gleich einem Sohn des Menschen (Jesus); und er gelangte bis zu dem Hochbetagten (Gott, der Vater) und wurde vor ihn gebracht. Und ihm wurde Herrschaft, Ehre und Königtum verliehen, und alle Völker, Stämme und Sprachen dienten ihm; seine Herrschaft ist eine ewige Herrschaft, die nicht vergeht, und sein Königtum wird nie zugrunde gehen."* (Dan 7,13-14) Zu Christi Himmelfahrt nahm Ihn eine Wolke auf gen Himmel; Daniel zeigt uns die Ankunft des Menschensohnes im

Himmel, auf diesen Wolken. Wir haben also zwei Perspektiven auf dasselbe Ereignis.

Was ist die Bedeutung dessen? Es ist die Thronbesteigung des Herrn. Er tritt die Herrschaft des Reiches Gottes im Himmel an, während Sein Volk auf Erden die Botschaft dieses Reiches friedlich bis an die Enden der Erde tragen soll, als ein Angebot an alle Menschen, umzukehren und sich mit Gott versöhnen zu lassen, ehe das Ende kommt. Am Ende kommt der Herr wieder, wie die zwei Männer (Engel) bei der Himmelfahrt sagten: *„Dieser Jesus, der von euch weg in den Himmel aufgenommen worden ist, wird in derselben Weise wiederkommen, wie ihr ihn habt in den Himmel auffahren sehen!"* (Apg 1,11) In derselben Weise bedeutet, wiederum mit den Wolken: *„Siehe, er kommt mit den Wolken, und jedes Auge wird ihn sehen, auch die, welche ihn durchstochen haben; und es werden sich seinetwegen an die Brust schlagen alle Geschlechter der Erde!"* (Offb 1,7) Und dann wird das Königreich Gottes alles erfüllen und erneuern, und die alte Schöpfung der Sünde wird beseitigt werden: *„Und dann wird das Zeichen des Menschensohnes am Himmel erscheinen, und dann werden sich alle Geschlechter der Erde an die Brust schlagen,* *und sie werden den Sohn des Menschen kommen sehen auf den Wolken des Himmels mit großer Kraft und Herrlichkeit. Und er wird seine Engel aussenden mit starkem Posaunenschall, und sie werden seine Auserwählten versammeln von den vier Windrichtungen her, von einem Ende des Himmels bis zum anderen."* (Mat 24,30-31) Alles wird neu werden: *„Und ich sah einen neuen Himmel und eine neue Erde; denn der erste Himmel und die erste Erde waren vergangen, und das Meer gibt es nicht mehr. Und ich, Johannes, sah die heilige Stadt, das neue Jerusalem, von Gott aus dem Himmel herabsteigen, zubereitet wie eine für ihren Mann geschmückte Braut. Und ich hörte eine laute Stimme aus dem Himmel sagen: Siehe, das Zelt Gottes bei den Menschen! Und er wird bei ihnen wohnen; und sie werden seine Völker sein, und Gott selbst wird bei ihnen sein, ihr Gott. Und Gott wird abwischen alle Tränen von ihren Augen, und der Tod wird nicht mehr sein, weder Leid noch Geschrei noch Schmerz wird mehr sein; denn das Erste ist vergangen. Und der auf dem Thron saß, sprach: Siehe, ich mache alles neu!"* (Offb 21,1-5)

Darum steht in der ersten Predigt des Petrus nicht etwa die Vergebung der Sünden im Zentrum, sondern das Kreuz, die Auferstehung und die Erhöhung des Sohnes

Gottes zur Rechten Gottes: *„Diesen Jesus hat Gott auferweckt; dafür sind wir alle Zeugen. Nachdem er nun zur Rechten Gottes erhöht worden ist und die Verheißung des Heiligen Geistes empfangen hat von dem Vater, hat er dies ausgegossen, was ihr jetzt seht und hört. Denn nicht David ist in den Himmel aufgefahren, sondern er sagt selbst: »Der Herr sprach zu meinem Herrn: Setze dich zu meiner Rechten, bis ich deine Feinde hinlege als Schemel für deine Füße.« So soll nun das ganze Haus Israel mit Gewissheit erkennen, dass Gott Ihn sowohl zum Herrn als auch zum Christus gemacht hat, eben diesen Jesus, den ihr gekreuzigt habt!"* (Apg 2,32-36) Die Botschaft, in einem Satz zusammengefasst, lautet also: Jesus Christus ist Herr, der von Gott eingesetzte König des Friedens und der Gerechtigkeit.

Neue Herrschaftsverhältnisse ändern alles. Das Reich Gottes ist real geworden, Jesus ist Herr und regiert vom Himmel her. Die Welt aber ist Ihm nicht zugewandt. Christus sandte keine Armee aus, die die Welt für Ihn erobern sollte, sondern Seine Jünger, die in derselben Demut und Sanftmut das Kreuz tragen und das Reich Gottes verkündigen, indem sie suchen, in welchem Haus Söhne und Töchter des Friedens sind, die diese Botschaft annehmen wollen. Das gehörte zu den Eingangsfragen in diesem Buch: *„Bist du so ein Sohn oder eine Tochter des Friedens?"*

DIE KRAFT AUS DER HÖHE

Zehn Tage nach der Himmelfahrt kam der Heilige Geist auf die Jünger herab. Damit wurde die Gemeinschaft der Christen gegründet als ein neues Volk Gottes, als Bürger des himmlischen Königreichs, als neue Menschen in der alten Welt. Der Heilige Geist ist es, der uns zu Kindern Gottes macht, durch den die neue Geburt erfolgt.

In den Propheten wird erklärt, warum das notwendig ist: *„Siehe, es kommen Tage, spricht der HERR, da ich mit dem Haus Israel und mit dem Haus Juda einen neuen Bund schließen werde; nicht wie der Bund, den ich mit ihren Vätern schloss an dem Tag, da ich sie bei der Hand ergriff, um sie aus dem Land Ägypten herauszuführen; denn sie haben meinen Bund gebrochen, obwohl ich doch ihr Eheherr war, spricht der HERR.*

Sondern das ist der Bund, den ich mit dem Haus Israel nach jenen Tagen schließen werde, spricht der HERR: Ich will mein Gesetz in ihr Innerstes hineinlegen und es auf ihre Herzen schreiben, und ich will ihr Gott sein, und sie sollen mein Volk sein; und es wird keiner mehr seinen Nächsten und keiner mehr seinen Bruder lehren und sagen: »Erkenne den HERRN!« Denn sie werden mich alle kennen, vom Kleinsten bis zum Größten unter ihnen, spricht der HERR; denn ich werde ihre Missetat vergeben und an ihre Sünde nicht mehr gedenken!" (Jer 31,31-33)

In diesen Neuen Bund sind nicht nur die Juden eingeladen, die ihn großteils abgelehnt haben, sondern alle Völker der Welt. Der Herr will Sein Gesetz auf unsere Herzen schreiben; jeder einzelne Christ soll eine unmittelbare persönliche Gottesbeziehung haben. Wir dürfen Abba, Vater, zum Schöpfer des Universums sagen!

Andere Propheten schreiben: *„Ich aber will ihnen ein einiges Herz geben, ja, ich will einen neuen Geist in euer Innerstes legen; und ich will das steinerne Herz aus ihrem Leib nehmen und ihnen ein fleischernes Herz geben, damit sie in meinen Satzungen wandeln und meine Rechtsordnungen bewahren und sie tun; und sie sollen mein Volk sein, und ich will ihr Gott sein."* (Hes 11,19-20) und *„Und nach diesem wird es geschehen, dass ich meinen Geist ausgieße über alles Fleisch; und eure Söhne und eure Töchter werden weissagen, eure Ältesten werden Träume haben, eure jungen Männer werden Gesichte sehen; und auch über die Knechte und über die Mägde will ich in jenen Tagen meinen Geist ausgießen; ... und es wird geschehen: Jeder, der* den Namen des HERRN anruft, wird gerettet werden." (Joel 3,1-2+5)

Gottes Ziel ist ein Volk, das Ihn persönlich kennt und liebt, Seine Worte empfängt und weitersagt und Ihm in allem gehorsam ist. So wird das Reich Gottes im Leben der einzelnen heute Wirklichkeit, bis der Herr wiederkommen und es auf der Neuen Erde gründen wird.

Diese Verheißungen erfüllten sich nun am Pfingsttag in Jerusalem: *„Und als der Tag der Pfingsten sich erfüllte, waren sie alle einmütig beisammen. Und es entstand plötzlich vom Himmel her ein Brausen wie von einem daherfahrenden gewaltigen Wind und erfüllte das ganze Haus, in dem sie saßen. Und es erschienen ihnen Zungen wie von Feuer, die sich zerteilten und sich auf jeden von ihnen setzten. Und sie wurden alle vom Heiligen Geist erfüllt und fingen an, in anderen Sprachen zu reden, wie der Geist es ihnen auszusprechen gab. Es wohnten aber in Jerusalem Juden, gottesfürchtige Männer aus allen Heidenvölkern unter dem Himmel. Als nun dieses Getöse entstand, kam die Menge zusammen und wurde bestürzt; denn jeder hörte sie in seiner eigenen Sprache reden. Sie entsetzten sich aber alle, verwunderten sich und sprachen zueinander: Siehe, sind diese, die da* *reden, nicht alle Galiläer? Wieso hören wir sie dann jeder in unserer eigenen Sprache, in der wir geboren wurden? Parther und Meder und Elamiter und wir Bewohner von Mesopotamien, Judäa und Kappadocien, Pontus und Asia; Phrygien und Pamphylien, Ägypten und von den Gegenden Libyens bei Kyrene, und die hier weilenden Römer, Juden und Proselyten, Kreter und Araber – wir hören sie in unseren Sprachen die großen Taten Gottes verkünden!"* (Apg 2,1-11) Dieses Sprachwunder ereignete sich, um allen deutlich zu machen, dass die Verheißung des Reiches Gottes tatsächlich allen Völkern gilt.

Dieser Tag war absolut einmalig, und er wird sich so auch nie wiederholen. Dennoch gab und gibt der Geist Gottes immer wieder besondere Gaben, um die Christen zu befähigen, am Reich Gottes mitzuarbeiten.

Jedenfalls gab dies einen Auflauf. Die Leute fragten sich, was das soll; manche hielten die Jünger des Herrn für betrunken. Da stand Petrus auf und begann allen Menschen zu erklären, was hier geschehen ist. Es ist dies die erste christliche Predigt nach Ostern, und ich denke, nach all dem Vorangegangenen kann ich sie im Wortlaut zitieren, ohne sie weiter erklären zu müssen:

„Da trat Petrus zusammen mit den Elf auf, erhob seine Stimme und sprach zu ihnen: Ihr Männer von Judäa und ihr alle, die ihr in Jerusalem wohnt, das sollt ihr wissen, und nun hört auf meine Worte! Denn diese sind nicht berauscht, wie ihr meint; es ist ja erst die dritte Stunde des Tages; sondern dies ist es, was durch den Propheten Joel gesagt worden ist:

»Und es wird geschehen in den letzten Tagen, spricht Gott, da werde ich ausgießen von meinem Geist auf alles Fleisch; und eure Söhne und eure Töchter werden weissagen, und eure jungen Männer werden Gesichte sehen, und eure Ältesten werden Träume haben; ja, auch über meine Knechte und über meine Mägde werde ich in jenen Tagen von meinem Geist ausgießen, und sie werden weissagen.

Und ich will Wunder tun oben am Himmel und Zeichen unten auf Erden, Blut und Feuer und Rauchdampf; die Sonne wird sich in Finsternis verwandeln und der Mond in Blut, ehe der große und herrliche Tag des Herrn kommt. Und es soll geschehen: Jeder, der den Namen des Herrn anruft, wird errettet werden.«

Ihr Männer von Israel, hört diese Worte: Jesus, der Nazarener, einen Mann, der von Gott euch gegenüber beglaubigt wurde durch Kräfte und Wunder und Zeichen, die Gott durch ihn in

eurer Mitte wirkte, wie ihr auch selbst wisst,
diesen, der nach Gottes festgesetztem Ratschluss
und Vorsehung dahingegeben worden war, habt
ihr genommen und durch die Hände der Gesetz-
losen ans Kreuz geschlagen und getötet.

Ihn hat Gott auferweckt, indem er die Wehen des
Todes auflöste, weil es ja unmöglich war, dass Er
von ihm festgehalten würde. David nämlich sagt
von ihm: »Ich sah den Herrn allezeit vor mir,
denn er ist zu meiner Rechten, dass ich nicht
wanke. Darum freute sich mein Herz, und meine
Zunge frohlockte; zudem wird auch mein Fleisch
auf Hoffnung ruhen; denn du wirst meine Seele
nicht dem Totenreich preisgeben und nicht
zulassen, dass dein Heiliger die Verwesung
sieht. Du hast mir die Wege des Lebens gezeigt;
du wirst mich mit Freude erfüllen vor deinem
Angesicht!«

Ihr Männer und Brüder, es sei mir erlaubt, frei-
mütig zu euch zu reden von dem Stammvater
David: Er ist gestorben und begraben, und sein
Grab ist unter uns bis zu diesem Tag. Da er nun
ein Prophet war und wusste, dass Gott ihm mit
einem Eid verheißen hatte, dass er aus der
Frucht seiner Lenden, dem Fleisch nach, den
Christus erwecken werde, damit er auf seinem
Thron sitze, hat er vorausschauend von der
Auferstehung des Christus geredet, dass seine

Seele nicht dem Totenreich preisgegeben worden ist und auch sein Fleisch die Verwesung nicht gesehen hat.

Diesen Jesus hat Gott auferweckt; dafür sind wir alle Zeugen. Nachdem er nun zur Rechten Gottes erhöht worden ist und die Verheißung des Heiligen Geistes empfangen hat von dem Vater, hat er dies ausgegossen, was ihr jetzt seht und hört. Denn nicht David ist in den Himmel aufgefahren, sondern er sagt selbst: »Der Herr sprach zu meinem Herrn: Setze dich zu meiner Rechten, bis ich deine Feinde hinlege als Schemel für deine Füße.«

So soll nun das ganze Haus Israel mit Gewissheit erkennen, dass Gott Ihn sowohl zum Herrn als auch zum Christus gemacht hat, eben diesen Jesus, den ihr gekreuzigt habt!" (Apg 2,14-36)

Was sollen wir tun?

Die Predigt stellt in einfachen Worten die neuen Herrschaftsverhältnisse klar. Es wird nichts zur Diskussion gestellt, es geht um keine Meinungen, sondern um eine Tatsache: Jesus ist Herr und König. Das gilt, das hat Relevanz, das betrifft uns persönlich. Dementsprechend war die Reaktion der Menschen:

„Als sie aber das hörten, drang es ihnen durchs Herz, und sie sprachen zu Petrus und den übrigen Aposteln: Was sollen wir tun, ihr Männer und Brüder?" (Apg 2,37)

Das Evangelium vom Reich Gottes, bzw. die gesamte Heilsgeschichte der Bibel ist wohl die spannendste Geschichte, die man lesen kann. Aber es handelt sich dabei nicht um Belletristik, nicht um einen unterhaltsamen Roman. Es geht um Wirklichkeiten, denen wir uns stellen müssen. Die Auferstehung und das Königtum Christi sind so real wie unser Tod und die Tatsache, dass wir uns vor Ihm als Richter verantworten müssen. Wie aber gehen wir damit um? Was sollen wir tun?

Die Antwort des Petrus hat mehrere Teile:

„Da sprach Petrus zu ihnen: Tut Buße, und jeder von euch lasse sich taufen auf den Namen Jesu Christi zur Vergebung der Sünden;" (Apg 2,38) Das führt uns an den Beginn des Evangeliums zurück, zur Taufe des Johannes. Die christliche Taufe ist ihr in fast allem gleich: Man bekennt die Sünden, man bereut das bisherige Leben und will ein neues Leben nach Gottes Geboten beginnen, man lässt sich im Wasser untertauchen und bekommt die Vergebung der Sünden zugesprochen. Neu ist, dass dies nun im Namen des Herrn Jesus geschieht, bzw. im Namen des Vaters, des Sohnes und des Heiligen Geistes (Mat 28,19-20). Wir bekennen uns nicht nur zu unserer Sünde, sondern auch zu Jesus als unserem Herrn und König, dem wir uns in der Taufe zur Treue verpflichten.

Das nützt uns aber alles nichts, ohne dieser „Kraft aus der Höhe" (Apg 1,8), durch die unser Herz verwandelt und wir neue Menschen werden. Darum geht die Antwort des Petrus weiter: *„So werdet ihr die Gabe des Heiligen Geistes empfangen. Denn euch gilt die Verheißung und euren Kindern und allen, die ferne sind, so viele der Herr, unser Gott, herzurufen wird."* (Apg 2,38-39) Die Taufe des Johannes wies auf den Herrn Jesus hin und auf das Kommen des Heiligen Geistes. Die christliche Taufe setzt beides bereits voraus: Christus ist gekommen, und jeder, der sich bekehrt, empfängt den Heiligen Geist. Dieses „Jeder" ist wirklich umfassend. Die Gabe des Geists ist nämlich nicht beschränkt auf die Menschen, die damals dabei waren, sondern gilt allen Menschen, die der Herr durch die Verkündigung des Reiches Gottes hinzurufen wird.

„Und noch mit vielen anderen Worten gab er Zeugnis und ermahnte und sprach: Lasst euch retten aus diesem verkehrten Geschlecht!" (Apg 2,40) Dieser Teil der Antwort des Petrus wird fast immer unterschlagen. Das liegt wahrscheinlich daran, dass sie im Staatskirchentum mit der Zwangskindertaufe keinen Sinn zu machen scheint. Wenn man alle in diesen auf menschlicher Gewalt basierenden Gottesstaat hineintauft, wie soll man sich gleichzeitig aus diesem System herausretten lassen? Dieser innere Widerspruch durchzieht die meisten Kirchen bis heute. Das Reich Gottes ist aber nicht von dieser Welt (Joh 18,36), darum können auch die Bürger dieses Reiches nicht von dieser Welt bleiben. Sie müssen sich herausretten lassen.

Um den allseits vorhandenen Mangel auszugleichen, will ich hier mehrere Aussagen der Heiligen Schrift aneinander reihen, die diesen Aufruf den Petrus unterstreichen: *„Und passt euch nicht diesem Weltlauf an, sondern lasst euch [in eurem Wesen] verwandeln durch die Erneuerung eures Sinnes, damit ihr prüfen könnt, was der gute und wohlgefällige und vollkommene Wille Gottes ist."* (Röm 12,1) *„Darum geht hinaus von ihnen und sondert euch ab, spricht der Herr, und rührt nichts Unreines an! Und ich will euch aufnehmen, und ich will euch ein Vater sein, und ihr sollt mir Söhne und Töchter sein, spricht der Herr, der Allmächtige."* (2.Kor 6,17-18) und *„Gnade sei mit euch und Friede von Gott, dem Vater, und unserem Herrn Jesus Christus, der sich selbst für unsere Sünden gegeben hat, damit er uns herausrette aus dem gegenwärtigen bösen Weltlauf, nach dem Willen unseres Gottes und Vaters."* (Gal 1,3-4) Das Thema nimmt einen breiten Raum im Neuen Testament ein und gehört zu den wichtigsten Themen christlicher Lehre und Lebenspraxis: *„Das sage und bezeuge ich nun im Herrn, dass ihr nicht mehr so wandeln sollt, wie die übrigen Heiden wandeln in der Nichtigkeit ihres Sinnes, deren Verstand verfinstert ist und die entfremdet sind dem Leben Gottes, wegen der Unwissenheit, die* in ihnen ist, wegen der Verhärtung ihres Herzens; die, nachdem sie alles Empfinden verloren haben, sich der Zügellosigkeit ergeben haben, um jede Art von Unreinheit zu verüben mit unersättlicher Gier." (Eph 4,17-19) Meines Erachtens ist die Vernachlässigung des Aufrufs zur Absonderung die Hauptursache dafür, dass das Christentum insgesamt unglaubwürdig geworden ist. Darum gebraucht Petrus auch in der Pfingstpredigt viele Worte und legt allen Nachdruck auf diesen Aufruf. Auch in seinen Briefen kommt er darauf zu sprechen: *„Darum umgürtet die Lenden eurer Gesinnung, seid nüchtern und setzt eure Hoffnung ganz auf die Gnade, die euch zuteil wird in der Offenbarung Jesu Christi. Als gehorsame Kinder passt euch nicht den Begierden an, denen ihr früher in eurer Unwissenheit dientet, sondern wie der, welcher euch berufen hat, heilig ist, sollt auch ihr heilig sein in eurem ganzen Wandel."* (1.Petr 1,13-15) *„Geliebte, ich ermahne euch als Gäste und Fremdlinge: Enthaltet euch der fleischlichen Begierden, die gegen die Seele streiten; und führt einen guten Wandel unter den Heiden."* (1.Petr 2,11-12) Unsere Stellung in dieser Welt soll gemäß Petrus die von Fremden, gewissermaßen von „Durchreisenden" sein.

Also, das sollen wir tun:

- Umkehr von unseren Sünden
- Taufe zur Vergebung der Sünden
- Empfang des Heiligen Geistes
- Absonderung von der Welt und ein Heiliges Leben

„Diejenigen, die nun bereitwillig sein Wort annahmen, ließen sich taufen, und es wurden an jenem Tag etwa 3.000 Seelen hinzugetan." (Apg 2,41) Merkst du, dass all das freiwillig geschehen muss? Die Kindertaufe ist eine völlige Verfälschung des Evangeliums und des Heilsweges. Das zu betonen ist leider notwendig, weil 1.800 Jahre falscher Taufpraxis dazu führte, dass sich die Mehrheit der Europäer als Christen bezeichnet, wo doch in Wahrheit kaum 1% der Bevölkerung Christen gemäß des Evangeliums vom Reich Gottes sind. Der Weg ist schmal, und es sind wenige, die ihn gehen. Aber es sind viel weniger als sein müsste, weil die Vermittlung der Botschaft so mangelhaft geworden ist!

Mit 3.000 ist noch lange nicht das Ziel erreicht. Täglich wird das Wort vom Reich Gottes in der ganzen Welt gepredigt. Nicht immer vollständig, nicht immer richtig –

aber täglich machen Menschen einen aufrichtigen und echten Neuanfang mit Gott. Was am Anfang noch nicht recht verstanden wurde, wird im Lauf des Lebens ergänzt, denn niemand ist von Anfang an vollkommen im Glauben und der Erkenntnis des Sohnes Gottes.

Viel wäre dazu noch zu sagen. Wie geht es weiter? Wie sieht das Leben in der christlichen Gemeinschaft aus? Die Bibel gibt zu all dem klare Antworten und Lehre, der man folgen soll.

Es bleibt nach all dem nur eine Frage übrig: Bist du ein Sohn oder eine Tochter des Friedens? Wirst du die Zahl der Christen um eine Seele erhöhen, indem auch du deine Knie vor dem König Jesus Christus beugst?

„Friede sei mit Dir!"

DIE BIBEL

Grundlage all dessen, was ich in diesem Buch vermittle, ist die Heilige Schrift, die Bibel. Diese ist ein „Sammelband" mehrerer Bücher, die im Verlauf von über 1.500 Jahren zusammengetragen wurden. Sie enthalten die Selbstoffenbarungen Gottes an Sein Volk, Seine Gebote, die Geschichte des Volkes Gottes, die Erfahrungen und Einsichten gläubiger Menschen auf ihrem Weg mit Gott und das große Thema des Reiches Gottes, welches im Sohn Gottes, Jesus Christus, seine Erfüllung findet.

Die beste Bestätigung für die Wahrheit dieser Bücher sind die vielen nachweislich erfüllten Prophezeiungen über Christus und Seine Auferstehung aus den Toten. Es geht dabei nicht um Meinungen oder Empfindungen, sondern um Fakten und geschichtliche Tatsachen, die man (mit etwas Fleiß) auch selbst nachprüfen kann.

Ich habe sehr viel aus der Bibel zitiert und dabei die Bücher wie folgt abgekürzt. Die Ziffern neben den Abkürzungen im Text verweisen auf das jeweilige Kapitel des Buches und die Verse (in etwa Sätze).

DAS ALTE TESTAMENT	
Die geschichtlichen Bücher	
Diese beschreiben die Geschichte von der Schöpfung bis ungefähr 400 v.Chr	
1. Mose (Genesis)	1.Mose
2. Mose (Exodus)	2.Mose
3. Mose (Leviticus)	3.Mose
4. Mose (Numeri)	4.Mose
5. Mose (Detronomium)	5.Mose
Josua	Jos
Richter	Ri
Ruth	Ruth
1. Samuel	1.Sam
2. Samuel	2.Sam
1. Könige	1.Kön
2. Könige	2.Kön
1. Chronik	1.Chr
2. Chronik	2.Chr
Esra	Esr
Nehemia	Neh
Esther	Est
Weisheitsbücher	
Poetische Bücher, Lieder, Spruchweisheiten	
Hiob	Hiob
Psalmen	Ps
Sprüche	Spr
Prediger (Kohelet)	Pr
Hohelied	Hld

Propheten

Diese enthalten viele kritische Worte an das Volk Gottes und dessen Nachbarvölker, und eine Reihe erstaunlicher Voraussagen, die sich erfüllt haben.

Jesaja	Jes
Jeremia	Jer
Klagelieder	Klg
Hesekiel	Hes
Daniel	Dan
Hosea	Hos
Joel	Joel
Amos	Amos
Obadja	Ob
Jona	Jona
Micha	Micha
Nahum	Nah
Habakuk	Hab
Zephanja	Zeph
Haggai	Hag
Sacharja	Sach
Maleachi	Mal

Spätere Schriften

Diese entstanden nach der Zeit des letzten Propheten (Maleachi) zwischen dem 4. und 1. Jahrhundert vor Christus. Sie erzählen, was in den Jahrhunderten vor der Geburt Jesu geschah, und erweitern die Weisheitsliteratur.

Jesus Sirach	Sir
Weisheit Salomos	Weih
Tobit	Tob
Judit	Jdt

1. Makkabäer	1.Makk
2. Makkabäer	2.Makk

DAS NEUE TESTAMENT

Evangelien und Kirchengeschichte

Die Berichte der Augen- und Ohrenzeugen Jesu sowie der Beginn der christlichen Gemeinde bis etwa zum Jahr 60 n.Chr.

Matthäus-Evangelium	Mat
Markus-Evangelium	Mk
Lukas-Evangelium	Luk
Johannes-Evangelium	Joh
Apostelgeschichte	Apg

Paulusbriefe

Die Briefe des Apostels Paulus an verschiedene Gemeinden und Freunde geben einen Einblick in Fragen, Probleme und auch Freuden der frühen Christen. Sie beinhalten Lehrthemen und praktische Leitlinien für das Leben als Christ.

Römerbrief	Röm
1. Korintherbrief	1.Kor
2. Korintherbrief	2. Kor
Galaterbrief	Gal
Epheserbrief	Eph
Philipperbrief	Phil
Kolosserbrief	Kol
1. Thessalonicherbrief	1.Thess
2. Thessalonicherbrief	2.Thess
1. Timotheusbrief	1.Tim
2. Timotheusbrief	2.Tim
Titusbrief	Tit
Philemonbrief	Phlm

Hebräerbrief	Heb
Allgemeine Briefe *Bei diesen Briefen ist der Empfänger meist die Gesamtheit der Christen; sie beinhalten viele Aspekte des praktischen Lebens als Christ und auch Lehrthemen.*	
Jakobusbrief	Jak
1. Petrusbrief	1.Petr
2. Petrusbrief	2.Petr
1. Johannesbrief	1.Joh
2. Johannesbrief	2.Joh
3. Johannesbrief	3.Joh
Judasbrief	Jud
Prophetisches Buch *In diesem Buch offenbart uns der Herr Jesus die letzten Dinge, um uns zu helfen, für Seine Wiederkunft vorbereitet zu sein.*	
Offenbarung	Offb

Die Kenntnis der Heiligen Schrift ist notwendig, um den Herrn Jesus kennen zu lernen. Doch Er sagte auch jenen, die die Schriften mit Ernst erforschten, dass es ihnen nichts nützen würde, wenn sie nicht zu Ihm kommen: *„Und der Vater, der mich gesandt hat, hat selbst von mir Zeugnis gegeben. Ihr habt weder seine Stimme jemals gehört noch seine Gestalt gesehen; und sein Wort habt ihr nicht bleibend in euch, weil ihr dem nicht glaubt, den er gesandt hat. Ihr erforscht die Schriften,*

weil ihr meint, in ihnen das ewige Leben zu
haben; und sie sind es, die von mir Zeugnis
geben. Und doch wollt ihr nicht zu mir kommen,
um das Leben zu empfangen." (Joh 5,37-40)

Wenn es mir gelungen ist, in diesem Buch
ein Interesse für Gottes Wort und Seine
herausfordernde Botschaft zu wecken, dann
sei Gott die Ehre dafür.

An Ihn wende dich von Herzen im Gebet,
damit Er dir die weiteren Schritte zeige, die
du gehen sollst. Gottes Segen!

Wegbegleiter

Ein Andachtsbuch für Nachfolger Jesus Christi, basierend auf dem Gebetbuch der Amisch-People. Es bietet gerade kleinen Hausgemeinden ein solides Fundament bewährten Glaubens, und jungen Christen eine Anleitung und Hinführung zu einem regelmäßigen Gebetsleben.

ISBN: 978-3-8370-5835-2